JN409312

# 꽃밥

# 꽃밥

손영자 신순자 정미경
우옥자 김경식 이동희
김소영 조영환 양소연
최재웅



다시올

# 차례

## 시

## 축하

차례

## 주제수필

**사진**

## 수필



## 문학기행

# 시

손영자 신순자
정미경 우옥자
김경식 이동희
김소영 조영환
양소연 최재웅

# 손영자

**손영자**

부천신인문학상 수상
계남초등학교 근무
023362@hanmail.net

# 꽃밥

손 영 자

외갓집 까만 무쇠솥
반지르르한 뚜껑 밀어 보면
제철 간식거리와 외할머니 온기가 들어 있었다

부엌에서 밀려난 무쇠솥
마당 한구석에 비만 맞는 천덕꾸러기가 되었다
붉은 녹을 매달고 늙어 가다가
밥 대신 꽃 한 솥 지었다
황금빛 금잔화를 미어터지게 담고
환하게 웃고 있는 무쇠솥

평생 가족밖에 모르던 그 여자
늦은 나이 문화센터에서 자격증도 취득하고
노인정 양로원 찾아다니며
꽃밥을 짓고 있다

# 산란散亂

여름이 기울은 학교 꽃밭에 홀로 서 있는 왕고들빼기
아이들 키만큼 자라 교실 창문 기웃거리더니
하얀 꽃대 풍성히 올려
왕고들빼기라는 제 이름을 쓰고 있다
아이들이 옆구리 건드릴 때마다
까르르 까르르 웃음 따라 바람 낙하산 타고 날아오른다
교실 안까지 찾아온 하얀 씨앗들
새처럼 날아다니다 살포시 마룻바닥에 내려앉는다
어미가 놓쳐 버린 많은 새끼들
씨를 키운 적 없는 마루는 솜털 만지작거리며 어찌할 바를 모른다

쓰레받기에 담겨 다시 제 어미 발치로 찾아가는 씨앗
아이들 옷과 가방, 신주머니에 매달려 따라나서는 씨앗
집집마다 왕고들빼기 퍼져 나간다
꽃밭에도 내년에는
코스모스마을 백일홍 마을 옆에
왕고들빼기 작은 동네 생겨날 것이다

# 돌의 주인

도시에서 살던 내가
먼 시골에 땅을 갖게 되었다
넓은 밭을 온통 차지한 널브러진 돌덩이
돌을 치우려 아는 할아버지께 작업을 부탁했다
할아버지는 아들 명의로 구입한 옆의 땅으로
우리 돌을 모조리 옮겨가 버렸다
세상 물정에 어두운 나는
그 돌이 얼마나 비싼 줄도 몰랐다
얼마 후
아들은 아버지 몰래 헐값에 그 땅을 팔아 버렸다

땅 주인이 바뀌고
새 주인이 집을 지으며
옮겨 논 돌로 50미터도 넘는 튼튼한 돌담을 쌓았다
우리집도 막상 축대를 쌓으려니 돌이 필요해
비싼 가격에 열 트럭의 돌을 구입하며
돌의 가치를 알게 되었다
새 주인과 돌의 소재를 운운하다
서로 심기를 건드린 불편한 이웃이 되었다
돌담을 볼 때마다 나는 몹시 속이 쓰렸다

시간이 흘렀어도
돌담은 여전히 완고하게 서로를 가로막고 있는데
돌담에 깊이 입혀진 진초록 이끼
이끼는 내가 주인이라며 돌마다 문패를 내걸었다

# 간이역의 봄

전나무 숲으로 둘러싸인 요양원
가족들의 발길마저 뚝 끊겼다
창밖 풍경 보겠다며
좋은 위치 차지하려던 눈도 닫긴 지 오래
종일 잠에 빠져있는 언제나 같은 풍경
말라버린 수액
남아있던 몇 장의 이파리도 다 떨어졌다
미음 넘기는 일도 버거워 하더니
가끔 주는 물도 스미지 못하고 흘러내린다
헐거워진 입 대신
비닐호스가 입이 되어 끼니를 챙긴다

여긴
저쪽으로 가기 위한 간이역
노인이 손에 꼭 쥔 것은 무엇일까
기다리지 않는 열차의 도착시간은 언제일까
남아 있는 호흡이 침대를 꽉 붙들고 있다

창밖은 화창한 봄날
들꽃들이 다투어 태어나고 있다

# 어둠의 일기

피로를 접은 낮이 꼬리를 끌며 돌아간 자리
밤이 어둠의 손을 잡고 나타났다
쓸린 자락이 눈부신 듯 어둠은 제 색깔을 드러내지 못하고
한동안 길목에서 머뭇거렸다
어스름 내리는 저녁이 익어가고
느릿 느릿 인기척을 몰고 오는 어둠
집으로 걸어오는 소리들로 골목길이 두런댔다
아름다움과 추함을 숨기고
어둠은 가로등 불빛 아래서 서성였다
새벽이 오기 전까지
달빛에 적당히 몸을 섞은 어둠
별빛에 한발 뒤로 물러났다가
불빛에 모습 들킨 어둠이 잠깐 고개를 숙였다
어둠이 번식할 때마다 도사리고 있는 불안
누군가 어둠에 다치기도 했다

마음의 불 꺼버리고 어둠을 가져다 준 사람
그 사람 떠나고 어둠 속에서
오래도록 나는 불을 켜지 못했다

슬픔과 기쁨으로 하루를 기억한 일기장이 채워지고
낮의 뒤편에 서서 은밀함을 기록한 어둠도 일기장을 덮었다

# 신순자

**신순자**

글샘 동인
원종고등학교 근무
iicandoall@naver.com

# 눈 속에서 매화가 피는 이유

**신 순 자**

어제 오후부터 내린 눈
밤새 부지런히 쌓여 폭설이다
베란다의 유리창 단에도
편수북하게 균형을 견딘

눈과 아이들은 서로를 끌어당긴다
푹신한 눈이 납작해질 때까지
한참을 놀고 눅눅하게 들어왔는데
하얀 옷을 입힌 휴대폰이 없다

주차장에, 나무 밑에, 놀이터에
어디를 가도 찾을 수 없겠다는
결론만 확실해져 빈손으로 돌아왔다
아직은 살아있어 여운이 남지만
이삼일 걸던 전화도 그만두었다

며칠 지나 그 번호로 걸려온 전화
빨래가 떨어진 자리에 있던 걸 주웠다는 할머니
그동안 어떻게 살아 있었을까, 신기하고 기특하다
휴대폰은 그 눈을 견뎌야 했던 것이 아니다
눈은 살아 있는 것인 줄 알고 포근히 안아 주었다

# 이스탄불

사랑을 놓겠다는 그의 음성은 건조했다
이스탄불에서 전파를 타고 넘어온
새벽의 짧고 분명한 메시지
지중해성 습기는 증발되었다

몸이 먼저 그 말을 이해한다
자음과 모음이 뒤죽박죽으로 흩어져
생각은 음성으로 결합되지 못하고
간혹 짝을 찾은 음성도 의미가 막막했다

먼 바다를 가로질러온 너의 목소리가
이스탄불의 옛이름 비잔티움처럼 낯설기만 하다

# 착시

착시는 착각이다
잘못 보면 오판하기 쉽다
잘 보는 것이 시작에서 중요하다

11층에서 내려다 본 주차장
반듯하게 정렬된 자동차들
제각기 다른 색이지만
크고 작고가 없이 다 똑같다

하나님은 더 높은 곳에서 보신다
어쩌면 저렇게 공평하고 질서정연할까
하나님이 보시기에 참 좋으실 거다

조금 멀리서 보면 다 똑같아 보인다
굴러만 가는 똥차와 웬만한 집값이 넘는 포르쉐도
20층에서 보면 다 똑같아 보인다
하물며 더 높은 곳에 있는 하나님에겐
어떻게 보일 것인지 짐작한다
그래서 세상이 안 바뀌는 거다

# 엄마들에겐 흔한 일

내가 할 수 있었던 건 우리 아이들이 다 한다는 믿음은 엄마에겐 흔한 일
내가 못한 것이지만 우리 아이들은 해낼 수 있다는 희망은 엄마에겐 흔한 일
항상 앞서고 이기면서도 따뜻하고 예의를 갖춰야 한다는 바람은 엄마에겐 흔한 일

칭찬을 하겠다고 시작한 대화에서 더 잘하라는 훈계로 마무리하는 것은 엄마에겐 흔한 일
남들이 더 잘하는 것만 가려서 우리 아이에게 콕콕 짚어 비교하는 건 엄마에겐 흔한 일
더워서 땀을 흘리는 아이에게 모자를 씌워 자기의 감각을 뽐내는 건 엄마에게 흔한 일

# 처마 끝

비가 세차게 퍼부을 때
처마 끝의 물소리를 듣지 못한다
그 비 다 그치든가
숨이 한번 크게 죽어야
물방울 소리가 산다
방울 하나가 맺어지는 시간을 경험한다
물방울의 중력만으로 낙하하는지
바람에 날리며 떨구는지
내 귀는 본다

# 정미경

**정미경**

《다시올문학》 시 등단
글샘 동인, 동인시집 『사과의 변증법』 외
yjmky@hanmail.net
http://blog.naver.com/yjmky

# 노란색 취향

**정 미 경**

이게 상책이다
눈을 감았다

동그란 형상이 고요히 떠오른다
점점 타원이 되어 가운데 구멍이 난다
저 구멍처럼 생각의 입구가 분명히 보이면 좋겠다
그러면 고삐 풀린 생각들을 끌어 모아
재빨리 구멍을 닫겠다

타원은 열 가지 넘는 노란색 그라데이션으로 변색 중이다
미세하고도 분명한 다른 노랑이다
너의 미묘한 감정이
저처럼 분명하게 보일 수 있다면
나는 너를
그 분명한 순간에 어루만질 수 있겠다

이건 그저 나의 노란색 취향 얘기일 뿐이다

# 무죄

무슨 색을 좋아하느냐고 물었다
빨간색을 좋아한다고 했다

나도 때론 빨간색이 좋다
빨간 옷을 입었다
빨간색을 좋아한다던 말 생각이 났다
빨간 옷이 새빨개졌다
빨간 옷이 안절부절못해 했다

미필적 고의에 의한 타인취향죄
빨간 옷은 거울 속에 수감되었다

외출 앞에서 빨간 옷은 형틀에 묶여 있다
그러나 단언하건데 빨간 옷은 무죄다

# 형제섬

사계마을 새벽안개
산꿩이 운다

꿩
꿩?

잠긴 목 끝에
달린 의문부

파도소리 종일 휘적이고
돌밭 마늘종이 까르르 웃고

고향 떠나 살아도
그만하다고
해조음에 실려오는
형제들 안부

귀 밝은 산꿩이 알아듣고는
산방산 쩌렁하게 전하고 있다

# 수국에 기대어

사랑을 잃고
저녁이 무너지는데
마당에 수국이 졌다

서른 가지도 넘는 이유로
온종일 사랑을 구걸했다
서른 개도 넘는 수국 꽃잎
모두 사위고 꼬투리만 남았다

온 가슴 타 들어가 응어리 맺히는데
수국 꽃 꼬투리 녹아내렸다

그 이름 아프게 심장에 새기는 동안
수국 꽃 진 자리
열매도 맺지 않고 아물었다

사랑을 잃고
수국에 기대어 봐도
자세가 위태롭다

# 오디

발각되지 않는 변색의 순간들이
큰 나무 잎새 뒤에 숨어 있다
오선 악보 자리마다 다른 음이 울리듯
가지마다 다른 빛이 변주된다

色이 자란다

어린 연두가 자라 사춘기 붉은 빛으로
불타는 사랑이 자라 검게 농익은 슬픔까지

울음으로 약이 되는 검은 눈물, 오디

손톱만한 미물 하나 익어가는 내력이
부서지는 유월 햇살 아래
명징하다

# 우옥자

**우옥자**

2008년 《다시올문학》 (시) 등단

글샘 동인, 동인시집 『오이지 단지』 외 9권

현 운양고등학교 재직

wooropa@hanmail.net

http://blog.naver.com/wooropa

# 검은 비닐봉지

우 옥 자

나처럼 만만하고 착한 女子 보았나요
재래시장 좌판 아지매 허리춤에 매달렸다가
흑인병사 따라 미국으로 건너간 코리안처럼
쉽게 뜯겨져 당신을 따라 나섰죠

무게가 없어요 아니 바람의 무게였을까요
포장할 줄은 모르지만 묵묵히 당신을 받아들입니다
속내를 잘 드러내지도 끊어지지도 않는 속성
당신의 무게가 모질게 살 속을 파고듭니다

쉽게 구할 수 있었다고 싫증이 난다고
천덕꾸러기처럼 대하지 말아주세요
살을 찢고 피를 섞어 까맣게 재생되는 혼혈
켜켜이 복토를 덮고 누워도 오백 년을 잠들지 못하는
서러운 연분, 내 사랑은 지독한 편집증이랍니다

거리의 쓰레기더미 속에 버려진 봉지들
담고 싶은 것을 못 담고 엉뚱한 것을 담고 말았네요
입을 악물고 견디지만 뭔가 터질듯 부풀어 오릅니다
도둑고양이 발톱에 언제 찢겨질지 몰라요

땅거미가 짙어오는 안양천 뚝방촌
가무잡잡한 얼굴 스물두 살의 캄보디아 아내
두부 한 모 콩나물 한 줌 자반고등어 한 손
손가락에 주렁주렁 매달린 봉지들이 중얼거려요
우리의 따뜻한 저녁은 어디에 있나요

# 공터

신도시 한복판
펜스에 포위된 사각의 유예지猶豫地
사람들은 놀고 있는 땅이라고 곁눈질하지만

한 번도 놀고먹은 적이 없다
나는 아득한 선사시대 움집터
빗살무늬 토기를 굽던 불구덩이였다
어느 세월, 젊은 처자의 무덤
오랫동안 착한 농부의 묵정밭이었다

붉고 싱싱한 숨 뛰놀던 수수만년
실핏줄 같은 수맥이 길을 열고
풀씨들 면면이 깃들었던 터
마침내 물과 티끌로 돌아가는 강물
나는 共터, 나를 空터라 부르지 마라

자고 나면 매일 몸값은 불어나고
누군가 몰래 시세를 계산하고 있을 것이다

땅거미 내려앉자
공사장 폐석들이 뒹구는 풀섶 발치쯤
새끼 밴 도둑고양이가 슬며시 숨어들고
켜켜이 지층 속
화석 하나 몸 뒤척이고 있다

# 겨울이사

맨발로 걸어온 바람이 등을 떠민다
19평 시영아파트
사다리가 길게 손을 뻗어 창턱에 닿을 듯 말 듯
굳은 관절을 건드리는지 움찔움찔 비명을 지른다

누추한 살림들이 바닥으로 내려온다
햇빛에 드러난 긁힌 자국 웅크린 보따리들
트럭의 안부터 얼기설기 들어서자
덜그럭거리던 시간들이 서로를 끌어안았다

사내가 내려놓은 고장 난 난로를 아내가 다시 싣는다
잠깐의 실랑이가 그들의 옷자락을 붙잡는다

살얼음에 시동이 미끄러진다
전전하던 셋집들이 꼬리를 물고 따라 나서는 길
겨울에 옮겨 심는 저 나무 제대로 뿌리내릴 수 있을까
가도 가도 뒷걸음질치고 있다

조수석에 아내와 어린것을 앉히고
옷깃에 얼굴을 파묻은 사내
트럭 꽁무니 몇 분盆의 화초와 흔들리며
어느 도시의 변두리를 또 달려갈 것이다

# 지상에 사는 별

언제부터인가
나무들이 별을 생산하기 시작했다
지상에 내려와 더 반짝이는 하늘의 별들
겨울 철새처럼 나무에 세 들어 살았다

별을 잃어버린 사람들이 사는 도시에
별을 파는 가게들이 생겨났다
한다발의 별들이 저마다 겨울 도시를 장식한다
나무는 별꽃을 달고 눈물을 글썽인다

전깃줄에 친친 포위된 나무들
다닥다닥 수천수만의 별들이 함성을 지른다
어둡고 추운 밤
별에게 붙잡힌 저 나무 포로들

온몸이 달뜨다
열꽃이 돋고 욱신거리는 삭신
삐거덕거리는 팔을 올려 보고 언 발가락도 꼼지락거려 본다,
한바탕의 기침에 별들이 우루루 쏟아졌다

핏발 선 불면의 밤
물색없는 나무가 이파리를 슬며시 내밀었다

# 전성시대

내 이름은 옥자이구요 동생은 월자입니다
동생은 늘 이렇게 말했죠
월자가 뭐야, 매월이나 월매라고 짓지

칠팔십년대 드라마 속 식모 이름에는
옥자가 흔하고 흔해,
이죽거리는 남편에게 맞받아쳤죠
영자와 순자의 전성시대를 모르냐
친절한 금자씨*의 전성시대도 있었다
옥자의 전성시대도 곧 올 거라고 말이죠

일본 유학까지 다녀오신 할아버지께서
손녀의 이름을 고심고심하시다가
귀하디귀하게 되라고 지어주신 구슬 玉 아들 子
子자 돌림시대를 대표하는 이름입니다

촌스런 이름이 부끄럽지 않냐구요
애기똥풀 큰방가지똥 며느리밑씨개 오랑캐꽃
다 푸르고 향기롭고 당당하기만 합니다

재봉공장 시장통 저문 들녘에 억척스레 피어난
지금 이 땅은, 말자 숙자 미자 춘자의 전성시대입니다

* 영화제목

# 김경식

**김경식**

2005년 《스토리문학》 수필 등단
2008년 《다시올문학》 등단
수필집 『마음에 걸린 풍경 하나』
다시올 작가회 전망 동인 회장, 수주고등학교 근무
sj574@hanmail.net

# 그 남자의 책 한 권

김 경 식

마지막 인사를 나눈 것이 그저께였는지 그러께였는지
갸웃거리는 사이
그는 서둘러 골목을 빠져나갔다

펄럭이는 외투 자락으로 보아 고생 꽤나 하는 눈치였지만
하드커버도 금박金箔의 번쩍이는 표지도 아닌
겨우 오십 몇 페이지 얄팍한 생
골목 안의 누구도 그의 행적을 주목하지 않았다

무표정한 그의 생애
누락된 단락을 찾아 헤매는지
극적 반전을 위해
복선伏線을 깔러 다니는지
아무도 아는 사람이 없다

한 권의 발문跋文이 쓰여지고
바람 편에 출고出庫될 때까지
도시의 대문은 굳게 닫혀 있는 것

언제 돌아왔는지
창들이 늦도록 불을 밝히고 있다

어쩌면 그는 첫머리부터
문장을 고쳐 쓰고 있는지도 모른다

# 나비효과

어제 오늘 똑같은 풍경에 겨워 나무 한 그루 문득 선하품을 하면 이때다, 길섶에서 동정을 살피던 바람 한 줄기 슬쩍 숲으로 들어선다

허튼 숨결에 나른한 오후가 흔들리고 촘촘한 잎과
잎 사이 새로 난 틈마다 우르르 바람이 일어
숲은 마침내 커다란 소용돌이가 된다

숲을 흔드는 것은 바람이 아니라
애써 참고 있던 한 그루의 어깻짓

내 목숨의 어느 갈피에
풀지 못한 한숨 하나 남아서
그렁그렁 맺히는 것인지
불현듯 폭풍처럼 휘몰아쳐서
반백의 굵은 생애가
뿌리째 흔들리는 것인지

슬픔도 없이 마음 울울한 날
일렁이는 여름 숲에 서서
나는 곰곰 생각해
보는 것이다

# 괜찮다

끼루룩
끼루룩
새가 날고 있다

큰 기역 자字,
거친 바람 가르는
정연한 대오隊伍

어린 날개 힘에 부쳐 뒤쳐졌다가
화들짝 놀라서
끼룩
끼룩
끼룩

괜찮다, 울음소리 한 음절 속에 삼켜도
가만한 세상 발칵 뒤놓는대도

돌아보면 우리 사랑도 그러했느니
소란하게 들끓던 가슴도 한때
꽃이 몇 번 피고 지는 사이
흔적 없이 가라앉았느니
그렇게 고요히 저무는 것이니

끼루루 끼루루루
헛날개 치며
어미새 안타까이 기다렸다가

겨울새들 한데 어울러
하늘 끝으로 날아간다

끼루룩끼루룩

# 잃어버린 길

아침마다 한 개씩 길을 데리고 집을 나선다

별난 향기 곱게 그린 풍경을 찾아
한껏 먼 데까지 나아갔다가
설핏하면 그 길 총총 걷어서 돌아온다

그러나 세상은 너무 빨리 어두워지고
갑작스레 눈비가 몰아치는 것이어서
풀숲에 버려두고 혼자서 돌아오는 때도 있었다

그 길머리 들꽃 내음 여전하고
강 건넌 바람이 설레고 있을 터
얼마나 많은 길을 내다 버렸던가

보폭은 갈수록 짧아지고
되짚어 갈 수 없는
길은 상처가 된다

들 끝에서 불어오는 마른풀 냄새,
이제는 거두는 때
큰길 하나 가까스로 남기기 위해
사방으로 흩어진 길 그러모을 때

길눈 까마득 닫히기 전에
잃어버린 길을 찾아
나는 다시 길을 떠난다

# 법고法鼓

질긴 가죽으로 입을 메워서
한 마디 말도 할 수 없느니

내게 와서 불법佛法을 구하는 것은
참으로 어리석은 일

그대가 서러운 북채를 들 때,
혼자만의 상처가 아니라고
세상살이 고만고만
속 끓이며 사는 게 아니냐고
이 산 저 산 울음을 불러 모을 뿐

곪고 다시 삭아서
슬픔도 슬픔이 아닌 게 되고
흉 진 자리 덤덤히 바라보게 될 때까지
한 몸 통째로 내주었으니

되우 쳐라
둥 둥
오랜 채질에
살가죽 다 해어져서
팽팽했던 긴장이 툭, 끊어질 때

나는 마침내 목을 놓으리니
그대 함께 환하게 울게 되리니

# 이동희

**이동희**

Pablo Neruda 기념문학상 신인상(현대시)
서정문학 신인상(수필)
가톨릭문예 작품상(2012/현대시)
ss75400@naver.com

# 폐선

이 동 희

분주했던 오후가 떠난
소래포구 너머
포동갯골 깊숙한 곳에
이미 오래 전에
부력의 익숙함을 잃은
낡은 부피가 나뒹굴고 있다

고기 잡는 길은
파도에 녹이 슬어 흔적도 없고
벽시계는 먼지만 수북하고
방향타는 기억을 내려놓은 지 오래,
정지한 엔진 밑에는
어둠 같은 폐유만 표류 중이고
다만, 손때 깊이 밴 항해일지만
한 줌의 추억들을 담고 있을 뿐

한때는
어머니 품 같은 바다에서
주름 깊은 선원들의 우렁찬 목청들
부단히 풀어냈을 버거운 한숨들은
다시는 돌아오지 않는다.
갈매기들 따라

저만치 휘황한 선창가를 뒤로하고
길 잃은 이력履歷 하나가
속절없는 바람 속에 쓰러져 있다

# 낮달

적막이 깊이 드리워진 새벽
흑백사진 속 아버지를 더듬는다

황천 노을 속에서도
어제처럼 변함없이 웃고 있는 아버지가
잠들려는 나의 기억을 깨운다

가진 것 없고 배운 것 없어도
소탈하게 세상과 공명共鳴하고 싶었던 아버지

세상은 아버지의 어깨에
무거운 시멘트 포대들을 얹어 주었고
푸른 하늘 향한 아버지의 꿈은
잿빛 하늘 아래서 시들어 갔다

빛바랜 작업복 차림에 술 취하면
깊이 잠든 골목길을 휘적휘적 깨우고
버거운 삶을 등지듯 드러눕곤 했던 아버지는
마흔 일곱의 짧은 이승의 삶을 내려놓았다

어제가 떠나 버린 오늘,
아버지의 굵은 손마디에 박힌 서러움을
더 나이가 든 아들이 어루만지지만,
아버지 입가에 머물렀던 시간은
더 이상의 기억을 허락하지 않는다

나의 하늘엔
저물지 않는 낮달만 흐린 빛으로 서성인다

# 어머니의 지갑

우연히 들여다 본 어머니의 지갑
달랑 구겨진 천 원짜리 몇 장

평생 두툼해 본 적 없는 그 지갑 속에는
수출용 여자 민소매를 떴던 은빛 코바늘,
종합병원 복도와 화장실을 누볐던 빗자루,
분식집 튀김 집게, 식당 주방의 젖은 행주가
쉴 새 없이 따라 들어왔지만,
아버지의 밀린 술값, 노름빚, 일수 이자,
아버지 담은 참나무 관이
악착같이 달려들었다

마침 어제는 기초노령연금 받는 날

전기하도급 일 공치는 날 많다고
늘 우는소리 하면서도
철철이 제 식구와 잘도 놀러 다니는 둘째 놈이
또 이십 만원을 빌려갔다고 한숨 쉬신다

한평생 어머니의 지갑 속에는
밑지는 적자인생의 한숨만
오늘도 들락날락할 뿐,

인적 끊긴 어두운 골목 저 편에선
어머니의 피눈물을 아는지 모르는지
까마귀가 한동안 소리 없이 울었다

# 소금 포대

불볕더위의 염전에서
부질없는 거품은 모두 버리고
살 태우며 인고忍苦의 시간을
고운 결정結晶으로 담았건만
아직도 버릴 것이 남아 있는가

뒷 베란다 구석에
천일염 포대가 놓여 있다
날마다 길 잃은 간수가
줄줄 타일 위로 흘러내린다

늘 변함없는 푸른 바다만 같았던 어머니

막바지 시간마저
사그라지는 요양원에서
날이 갈수록
망각忘却의 결정이 되어가며
가랑이 사이로 간수처럼
오줌이 새어 나오고 있다

폭염 속에 등 터지면서
한 톨 한 톨 소중하게 키워낸 자식들은
잔뜩 인상 쓰면서 코를 틀어막고
창문 밖 네온사인 불빛을 바라볼 때
소금 포대는
소리 없이 눈물을 삭이고 있다

# 下棺

산수유가 이생의 기지개를 켜는데
몸 하나 밑천삼아
짧은 생을 이어가던 한 사내가
제 배역을 내려놓고
미지의 삶을 갈아타러 왔다

평생 한 몸이던 손때 묻은 삽은
젊은 아내의 통곡을 얹었다

음력 삼월이
저승 가는 문을 열고 있을 때
술렁이던 풀들은 입을 굳게 다문 채,
고개를 숙였다

홀로 가야 하는 서늘한 외길,
맨 정신으로 갈 수 없어
소주 한 병 챙기고
광목천에 몸을 맡겼다

늦은 오후가
산기슭에 찾아들 때
무심한 달고질은
이생의 흔적을 봉긋하게 남기고
그를 다독거리는 것은 산 자의 몫

# 김소영

코스모스 이야기
열전도
일요일
사춘기
봄

**김소영**

동인시집 『학운동 풍경』 외 9권
중흥중학교 근무
ksyljn@hanmail.net

# 코스모스 이야기

김 소 영

가드레일 방패 삼아
한 송이 꽃을 피웠다
고향 친구 결혼식 가는 이에게 손 흔들고
엠블런스 소리에 두근거리는 가슴 쓰다듬고
트럭 바람에 고개 끊기지 않으려 납작 엎드려
꿈을 키웠다

한 줄기 빛으로, 한 줄기 빛으로
노래는 바람 타고, 꽃가마 타고
자동차 속 사람만큼 사연을 먹으며

저녁노을로 붉어진 처녀총각 가슴과
트렁크에 가득 실은 외할머니 사랑과
단풍놀이에 취해 벌개진 중년의 얼굴과
어머니 수술 위해 달리는 떨리는 심장과
새벽녘 아버지의 부음 듣고 달려가는 네 바퀴와
젊은 아내를 먼저 보내고 안개비에 젖은 눈동자

목에 걸리지 않게 먹물같은 이야기 삼켜
부엽토 포근하게 쌓인 산실에
전설같은 아이 폭죽처럼 쏘아올리기 위해
햇살을 품어가고 있었다
가을을 익히고 있었다

# 열전도

한곳을 바라보는데
너와 나 사이에 왜
황하같은 강폭이 자리하는지
같은 곳을 가는데, 너는
극의 자석처럼 밀어내네

네 가려는 정글에
앞서 길도 만들어주고
업어도 주려는데
왜
한사코 마다하며 손잡기 두려워하는지

미안하다,
일러 주지도 않고 그저 가자고만 해서
신발 뒤축 올리지도 않았는데 손잡고 끌어서

몰랐네
내 마음에 장작불 지피느라
네 가슴에 벌건 화상자국들

# 일요일

이불깃 부여잡고
나를 두들기는 햇살 거부한다
겨울이 주는 이불 속 포근함
할머니 품처럼 느껴보고 싶은 날
달콤한 꿈과 함께 흘렸을 침 자국도
한없이 멀어져 간 그대를 보내며 흘린 눈물 자국도
더디 지우고 싶고
맹견에게 쫓기며 몸부림쳐 산발한 머리도
권리처럼 편안한 날
꼬르륵 소리도 척추를 세우기에 역부족
이불깃 부여잡고 빈다
더디 일어나시라, 더디 일어나시라
사바의 님들이여

# 사춘기

땟국물에 절은 셔츠깃 세우고
앞머리 깊숙한 동굴에
날선 눈동자 가두어
삼디다스* 끌며 툇툇 침 뱉는다

숨 쉬는 게 반항인
교복고치에 갇힌 번데기 시절
한 잠 두 잠 누에처럼 잠을 자야
날개가 돋는다는 것을
알지 못하는 시절

표류하는 뱃전에서 손바닥으로
노 저어 등대를 찾는 시절

* 삼디다스 : 중고등학생이 주로 신는 검은 바탕에 흰 줄이 세 개 있는 실내화로 은어임.

# 봄

한 줄기 봄비가 젖멍울 간질인다

한 잎 한 잎 고개를 드는 꽃잎
아가가 엄마를 보듯 봄 품에서

나무가 생리를 한다
열세 살 소녀가 어른이 되어가듯

나비 다리에 묻은 한 줌 꽃가루
봄 논을 푸는 농부장화 진흙처럼

술들*이 꽃잎 담장 흔든다
태양을 잉태한다

* 술들 : 꽃의 암술과 수술

# 조영환

빗소리
도란거리는
강매역
생명, 그 캄캄하게 환한 둥굶

**조영환**

1957년, 충북 괴산 출생, 동국대 국문학과 졸업
2009년 《다시올문학》 등단, 흰뫼문학회 동인
현 서울 숭실고등학교 재직
jyh724@hanmail.net

# 빗소리

– 사진가 김영갑에게

조 영 환

사진 속에 길이 있어
삭발하듯
너는 늙은 어머니와
또 사랑하는 여인과의 연緣을 끊었다
납의衲衣 대신 사진기 하나 걸치고
제주도로 들어갔다
스물 세 해 동안 냉이꽃 같은 셋방에서
목숨 바꾼 필름으로
사진만 찍었다
그리고, 너는 루게릭병으로 죽었다
비가 오는 제주도
하늘과 땅이 경계가 없는
용눈이오름에서 너를 부르다
문득 청미래덩굴에 내리는 빗소리를 듣는다
존재에서 손을 놓은 빗소리
무한천공 매달렸던 빗방울들 이승고 내리는 소리
눈 반쯤 감고 환하게 내리는 소리
나를 적시지 않고 정수리로 들어와
안에서 한없이 투명한 소리를 내는

# 도란거리는

플라타너스 나무 아래
낮은 양철 지붕의 과일 가게
다리 절뚝이는 청년과
치매가 오신 할머니가 과일을 판다
낮은 불빛에 수박과 토마토
참외와 자두, 동그랗고
환한 얼굴들이 볼을 맞대고
누워 있다 과육을 한 입
베어 물지 않아도
단내가 길 건너까지 풍긴다
과일이 황홀히 향기롭고
그것도 한 생을 버리기 전에
슬프도록 단맛이 깊은 것은
과일도 그 속에 새끼를 품은
까닭일까 아침마다 까치가 울고
눈비 오는 밤일수록
불빛 더욱 도란거리는 과일 가게가 있다

# 강매역

봄이면 매화나무가 강물에
눈꽃개비를 날리던 강매江梅
봄날 논길 걷던 여섯 살 아들이
황새가 발 담그고 서 있는
논물을 눈 찡그려 보며
아빠, 칠성사이다 같아요
부르짖던 곳
여름날 켄터키치킨을 사들고
경의선 기찻길 둑방에 나가면
개구리 우는 아카시아 숲
어둠 속에서 뜬금없이 반딧불이가 날아올라
길길이 나를 뛰게 하던 곳
아이가 이를 연필로 꾹꾹 눌러 쓰고
선생님이 깜짝 부러워하던
강매에는 이제 반짝이는 아무것도 없다
역은 없어지고 기다림만 남았다
눈 오는 밤 멍하니 수은등 아래에서
수색 지나온 막차를 기다릴 때
늙은 역무원이 눈을 맞으며
매화 꽃잎 같은 눈을
가만히 빗자루로 쓸고 또 쓸어

그 소리에 간신히 머리를 식히던
기다림만 남았다
그래, 이제 강매에는 눈 감고
캄캄히 어둠 속을 구르는 기차 바퀴만 있다

# 생명, 그 캄캄하게 환한 둥긂

– 조각가 문신에게

1. 집이 된 길

그대 아버지의 고향은 경상남도 삼천포 모래실
짠물에 쓸리는 맨발의 비단모래가
가난한 2만평의 노래를 부르는 마을
그대 어머니의 고향은 일본국 큐슈 사가현 우쓰시마군
다찌바나촌, 귤나무가 많은 검은 탄광촌
일제 때 그대 아버지는 조선인 광부 모집에
총각의 긴 떠꺼머리 단박에 자르고 현해탄을 건넜다.
그대는 귤촌橘村에서 태어났다. 탄광에서 석탄 캐다
고향이 그리우면 만돌린으로 조선 민요를 부르는 아버지
일본 말이 귤 알갱이처럼 터지는 귤촌의 어머니.
두 살배기 그대가 어머니의 등에 업혀 노래를 듣는다.
달밤에 광부 아버지를 마중 나가는 어머니의 등에 업혀 노래를 듣는다.

만나고 싶어, 보고 싶어, 무서움도 잊어 어두운 밤길을 홀로 가네.*

그대가 두 살에 어머니의 등에 업혀 듣던 노래는
그대의 노래가 된다. 어머니를 그리는 평생의 노래가 된다.
평생을 그대는 그 길 위에 멈춰 있게 된다.
그리하여 그대는 어머니라는 집을 잃고

길이 그대의 집이 된다.
끝없이 어머니를 찾아가는 길의 끝에서
세상의 모든 길은 사라지고 세상의 여자도 사라지고
만물의 어머니를 만난다.
마산의 바닷가에서 뱃고동 소리를 세다가
갯벌에 붐비는 진눈개비를 세다가
사랑으로 이슬이 내리고
사랑으로 달맞이꽃이 무수히 피었다 지고 다시 피는
마산의 바닷가에서 우주를 만난다.

2. 둥긂에 대하여

어머니는 둥글다.
어머니의 엉덩이와 유방과 어머니의 자궁은 둥글다.
자궁 안에 있는 태아도 둥글다.
어머니가 둥근 까닭은
생명을 안기 위함이다.
어머니가 둥근 까닭은
어머니의 어머니인 지구가 둥글기 때문이다.
둥긂이 둥긂을 낳고
둥긂을 낳는 시간도 둥글다.
생명과 생명의 관계도 둥글다.
끌림과 이끌림의 균형은 둥근 궤적을 그린다.

사랑은 둥긂이 둥긂 속으로 들어가는 일식이다.
캄캄하게 환한 둥긂이다.
그리하여 둥근 우주가
둥근 시간은 팽창한다.

3. 돌아가야 한다

무엇하러 나는 여기까지 와 있는가.
검푸르게 번져오는 프랑스 후렛떼의 창고 아틀리에
새벽 유리창 밖, 구마산 선창가 갯벌처럼
새들이 날아오른다.
돌아가야 한다.
마산 추산동 게딱지같은 산동네 판잣집
길이 버린 길을 걸어 올라가면
한 점 물살의 일렁거림도 없이
꿈결처럼 발 아래로 바다가 펼쳐지는 곳
외로움이 외로움에 등을 대 주던
옛집으로, 이제 흑단 같은 여인의 손을 잡고
내 나라 첫사랑 두근거리는
아무도 손댈 수 없는 그곳으로 돌아가야 한다.
가서, 새로운 태양의 인간을 낳아야 한다.
가장 단단한 나무와

가장 녹슬지 않는 쇠로
꽃과 백자와 개미와 왕릉과
바람과 가야금 소리 섞인 음계를 쌓아올려야 한다.
칼날 위의 춤을 추어야 한다.

* 문신이 그의 어머니의 등에서 들었다는 일본 유행가 가사

# 양소연

토끼다리
이명耳鳴
느림보동물

**양소연**

문학동인 글샘 동인,
동인시집 『휘돌다 구부러진』 외 9권
부천 상동중학교 근무
ysy19kr@hanmail.net
http://blog.naver.com/ysy19kr2

# 토끼다리*

양 소 연

몇 번이고 발을 내딛어 본다
뻥 뚫린 구멍으로 보이는
밑바닥 물빛

고시기벌판* 끝 토끼다리

차가운 바람 아랑곳없이
종일 얼음판에서 놀다가
돌아오는 길
숙제처럼 마주치던
시커먼 몸집

공사장에서 남은 각목이거나
개천가 하꼬방에서 뜯겨진 기둥이거나
콜타르로 색을 입혀 얼기설기 엮어놓은

밟으면 무너져 내릴 것만 같던,

모두 다 각자의 방법대로 건너가고
항상 나 혼자 남아
먼 길로 돌아가야 했던

## 두려움의 원형

왜 나의 두려움의 두께는
남들과 달랐을까

뒷걸음치다 놓쳐버린 간절했던 인연들

이제는 사라진 다리
힘껏 끄집어내어
다시 한 번 시린 발을 내밀어 봐도
여전히 썩은 구멍 밑 물바닥만 보이는
토끼다리

건너야 하는데 건너야 하는데

* 토끼다리 : 현재 강화군 인삼센터 쯤에 있었던 다리로 복개되어 없어졌음
* 고시기벌판 : 강화대교에서 강화읍으로 들어가는 길목에 있는 넓은 벌판

# 이명耳鳴

소릿줄이 툭 끊어졌다

지나간 날을 떠나 보내고
훨훨 날고 싶었던 새봄
그 맘을 미리 알았나
낡은 스피커처럼 어디 한 줄이
툭 끊어지고는
삐삐 불량한 소리가 난다

어릴 적 내 몸은
바늘을 얹기만 하면
고운 노랫가락이 흘러나오는
새로 산 레코드판이었을 텐데

살면 살수록 잡음이 난다

세상소리 마구 듣다
쌓인 짐이 무거워
온갖 끈을 당기다가
따뜻한 온기로 소릿줄을 위로해 보지만
결국엔 끊어진 줄

손바닥을 비벼
잘못 색칠한 그림처럼
돌이킬 수가 없다

고운 빛깔은 아니어도
세상 누구도 들을 수 없는 소리
하나 얻은 셈

바닷소리인 양 산새소리인 양
이근耳根*으로 가는 길
동무 삼아 본다

* 이근(耳根) : 소리에 집중하는 수행법, '귀에 의지하여(들음으로써) 완전한 깨달음에 이르다' 는 뜻

# 느림보동물

어떻게 견딜 것인가
가지 많은 마음의 풍파를
어떻게 잠재울 것인가

0.5 밀리의 크기
영하 273℃
151℃의 끓는 온도에서도 살아 남고
물 산소 없이 우주에서 번식한다는
타디그레이드처럼

두려움 잘라내고
슬픔의 폭 줄이고
기쁨의 폭 줄이니
측은지심만 남았다

물을 먹어도 안 먹어도
숨을 쉬어도 숨을 참아도
끝내 남는 지독한 줄기는
너와 나의 측은한 인연뿐

아프다 괴롭다
푸념도 접어 두고
고맙다 밉다
사치도 던져버리고
생존에 필요한 알맹이만 남겨서

독한 벌레처럼
독한 가시처럼
이생에서 저생까지의 숨막히는 공간
거뜬하게 견뎌보자

* 느림보동물(Tardigrade) : 5억 3천만 년 전에 생긴 생물체로 극한의 생존 조건에서도 살아남는 생명력을 가졌음

# 최재웅

곰에게 쫓길 때,
'친구보다 빠르기만 하면 된다'는
생각으로 신발 끈을 조여 매는
슬픔
졸업, 그리고

**최재웅**

통진중학교 근무

# 곰에게 쫓길 때, '친구보다 빠르기만 하면 된다' 는 생각으로 신발 끈을 조여 매는

**최 재 웅**

21세기 교실에서는 그렇게 아이들을 가르칩니다.
나는 그런 교실에서 일한 대가로
그런 걸 가르치는 학교에 다니는
자식들의 학비를 마련합니다.

## 슬픔

복도에 날아든 새가 여기저기 부딪치며 날아다닙니다. 아이들이 덩달아 소리를 지릅니다. 불쌍한 새를 위해 창문을 몇 개 열어 주고 들어왔습니다. 불쌍하지 않은 아이들은 다시 조용해졌습니다.

# 졸업, 그리고

아이들이 또 떠난다.
거의 누구나 거치는 중학교를 떠난다.
몇 년 후 그들은 아주 다른 삶을 산다.
중학교 졸업한 지 15년쯤 된 제자를 학교에서 만났다.
학교 유리창 공사에 일하러 왔단다.
15년 전 이야기를 즐겁게 하고
그 후로 어떻게 살았는지를 이야기하고
아이가 여섯 살이라는 얘기를 하고
앞으로 어떻게 살 건가를 이야기하다가
아이는, 아니 이제는 애 아버지가 되어버린 제자는
웃으며 학교를 나섰다.
'축 서울대 합격' 이라는 현수막에 걸린 이름을 보며.

# 2013 부천 신인문학상 당선작

## 엄마의 앞치마

손 영 자

〈 2013 부천신인문학상 당선작 〉

# 엄마의 앞치마

손 영 자

꽃무늬 에이프런 두른 친구엄마가 부러웠던 어린 시절
엄마는 잿빛 투박한 앞치마를 두르셨다

어스름 새벽부터 자정을 넘길 때까지
앞치마는 생선 비린내를 풍기며
인근 골목으로 배달을 다녔다
항상 아랫배에 매달려 엄마 손처럼 늘 젖어있던 앞치마
양쪽 불룩한 주머니엔 땀에 젖은 하루가 담기고
퀴퀴한 비린내와 근심도 들어있었다

자정 넘긴 늦은 시간
하루치의 노동을 세며 잠을 떨치던 엄마
생선이나 야채를 주무른 거친 손을 볼 때마다
알반지를 낀 친구엄마 하얀 손을 생각했다

장시간 허리에 묶여 고된 일을 끝낸 하루가 풀릴 때
부종으로 시달린 다리를 접을 수 있었다
잠든 머리맡에 놓여 있다가
새벽녘 부스스한 잠을 털고 일어나면
앞치마도 엄마의 허리를 잡고 함께 일어났다

엄마의 무릎처럼 튼튼한 앞치마도
조금씩 엄마와 함께 늙어갔다
내가 그토록 싫어했던 앞치마
가끔 장터에서 얼룩진 앞치마를 만나면
울컥, 그리움이 치민다

〈 심사평 〉

# 추월과 과속이 어려운 느려터진 경기

심 사 위 원

시인, 한국작가회의 사무총장 공 광 규

시인, 책읽는사회문화재단 실장 정 우 영

많은 응모작 가운데 두 사람이 각각 선고한 6명의 작품을 가지고 집중 논의 했다. 우선 당선권에 들어 온 작품 가운데 「잃어버린 기차」 외 4편, 「고흐」 외 4편, 「겨울마을」 외 4편, 「따뜻한 지하철」 외 4편의 시를 내려놓았다. 그러나 이 분들의 시는 시적 재능과 많은 공력이 돋보이는 시들이었다. 시간을 보내면 모두 가능성이 있는 분들이다.

나머지 2편 가운데 「봄이 3천원」 외 4편을 응모한 분의 시들도 제법 고른 수준이었고, 시를 재미있게 구성하는 능력과 현대문명에 접근하는 주제의식까지 가지고 있었다. 그러나 문장을 경제적으로 축약하는 힘이 부족하여 아쉽다는 생각이 들었다. 좀 시간을 보내면 좋은 시를 쓰실 분이다. 어떤 물건을 만들려면 시간도 필요한 것이다.

결국 「폐가의 공식」 외 4편을 응모한 분의 작품 가운데 「엄마의 앞치마」 를 당선작으로 뽑기로 하였다. 이 분의 시들은 모두 주제를 드러내는 표현이 안정되고 제재가 현실에 밀착되어 있었다. 그리고 시 모두가 고른 수준이었다. 많은 시간을 들여 시력을 닦았다는 흔적이 보인다. 시간을 조금만 보탠다면 어디에 내놓아도 손색없는 기성시인이다. 그러나 제재를 탐색하는 시선에 비해 긴장이 떨어지는 아쉬움이 보인다. 대개의 시인들이 겪고 있는 어려움이다. 이점을 명심

하여 더욱 노력 할 일이다.」

시는 추월과 과속이 어려운 느려터진 경기이다. 부지런히 공부하고 포기하지 말아야만이 한 발자국 전진하거나 유지할 수 있는 양식이다. 투고하신 모든 분들의 전진을 기원한다.

〈 당선소감 〉

# 문학이란 벽을 타고 올랐다, 담쟁이처럼

한동안 문학이란 벽을 타고 올랐다. 저편에 무엇이 있는 줄도 모르면서 그저 문학은 내가 오르고 싶은 높은 벽이었다. 차디찬 담벼락에 잎을 매다는 담쟁이덩굴처럼 언어를 고르고 시를 엮는 일은 참으로 더딘 걸음이었다. 詩의 그림자라도 잡으려 헤매던 시간, 몇 개의 이파리를 완성하면 혹한의 계절이 오고 또 길을 놓치고 말았다. 하지만 죽은 듯 엎드린 겨울담쟁이에게도 봄이 오면 싹이 트듯 사그라진 열정은 달아올랐고 다시 시를 붙잡았다. 어쩌면 시는 내게 마지막 남은 위로였다.

담쟁이가 가을볕에 물들어가는 시월 어느 날, 깊어진 가을의 눈빛을 들여다보는데 부천신인문학상 당선 소식이 문자로 달려왔다. 반갑고 떨리는 기쁨도 잠깐 '아 이제 시의 굴레서 영원히 벗어나지 못 하겠구나.' 하는 생각도 들었다. 운명처럼 다가온 詩, 앞으로는 더 많이 시를 앓고 좌절하며 껴안아야 할 것이다. 직장 일과 집안일을 병행하느라 느지막이 발 들여 놓은 문학의 길, 늦은 만큼 더 치열할 것이다.

글 쓰는 길을 안내해 주신 황연옥 선생님, 시가 무엇인지 그 속살의 실체를 음미시켜 주고 지도해 주신 마경덕 선생님. 영원히 글 쓰는 동반자가 되자고 약속했던 친구들과 문학회 회원들, 그리고 부족한 글을 뽑아주신 심사위원님께 감사의 말씀을 올린다.

**주제수필_**

# 사진

# 시간의 궤적

손 영 자

집의 내력과 추억을 갈피마다 새겨
책장 한 칸을 빛내던 적이 있었다
언제부턴가 졸업 선물 목록에서 이름이 지워지고
앨범 밖으로 끌어 낸 장면은
디지털 속으로 옮겨져 끝없이 풍만해졌다
주름을 펴서 감쪽같이 세월을 거슬러가고
정지된 풍경과 정지된 시간이
동영상으로 살아 움직이기도 했다
목적지를 향해 광속으로 날아가는 무한한 재주에도
흔적을 남기지 않는 치밀함

앨범을 펼친다
시간의 궤적이 켜켜이 쌓인 늙지 않는 기억
내가 몰랐던 시간 다시는 만나지 못하는 시간
꽃처럼 활짝 핀 어머니가 어린 내 손을 잡고 수십 년째 웃고 있고
가슴앓이 했던 짝사랑의 그림자도 한 조각 들어있다
그 뜨거웠던 마음도 서서히 변해가듯 시간도 누렇게 변해가는데
이 정지된 풍경은 앞으로 얼마나 그대로 머물러 있을 것인가

맡겨두었던 기억 만나러 가끔 앨범 갈피 속으로 들어가 본다

다른 집을 방문하게 되면 책꽂이에 두툼하게 꽂혀 있는 앨범에 먼저 눈길이 간다. 앨범 속 사진을 들여다보며 인물이나 가정의 역사를 들추어 보면 대화의 실마리가 쉽게 풀리고 추억 속에 동참해 이야기를 나누다 보면 어느 새 친밀해지기도 한다. 우리집에도 학창시절이 담긴 앨범에서부터 사회생활 하면서 찍은 사진이 들어있는 앨범이 여러 권된다. 또 결혼식과 신혼여행지에서 찍은 사진만으로도 앨범 몇 권이 되었다, 두 아이가 출생에서 성장과정이 들어간 앨범들까지. 그러나 우리집 앨범생산은 디카가 나오면서부터 중단되어 버렸다.

디지털 카메라의 출현으로 모습은 컴퓨터 화면에서 살게 되고 사진으로 만나기가 쉽지 않았다. 나의 게으름으로 디카 안에서만 간직되어 있다가 용량 초과로 지워지기 일쑤였고 공들여 컴퓨터로 옮겨 두었던 것도 사진이 내장된 채로 컴퓨터를 교환하기도 했고 아예 컴퓨터가 망가져 사진을 날리기도 했다. 화면 밖으로 나오지 못한 모습들과 풍경은 기계 속에서 혼자 피었다 시들어 흔적조차 남기지 않고 깨끗이 사라져 버렸다. 대학생 아들도 아기 때 모습은 사진으로 많이 남아 있지만, 초등학교에 다닐 즈음 디카 시대에 들어서며 남은 사진이 몇 장 없었다.

내가 즐겨 가지고 다니며 셔터를 눌러댔던 니콘 카메라에는 찍다만 코닥 필름에 가족 모습과 정경들이 들어있는 채로 10여 년 방치되어 지금도 서랍 속에서 잠자고 있다.

카메라의 성능이 좋아지고 찍는 기술뿐 아니라 인화 기술

이 발달하며 요즘은 풍경을 능가하는 멋진 사진이 태어나고 있다. 조카 아이가 취업서류를 제출했더니 회사측에서 서류 속 사진과 모두 전혀 다른 사람이 면접을 왔다면서 보정한 사진 붙이지 말라며 당부했다는 이야기를 했다. 주름살을 없애고 턱을 깎아 갸름하게 만들고 통통한 볼살까지 깜쪽 같이 입혀 몇 십 년을 젊어지게 만들어 내기도 하고 사진을 동영상으로 만들어 작품으로 완성하기도 한다.

기술도 기기도 모든 것이 다 진화하였어도 사진은 소중한 옛 기억을 지니고 있다. 각도에 따라 다르게 나오는 얼굴을 들여다보며 더 예쁜 사진을 만들어 내려 다양한 포즈를 잡아보는 모습을 보노라면 학창시절 친구들과 깔깔거렸던 기억이 떠오른다. 옛날 사진을 들여다보면 아직도 젊은 엄마의 고운 미소가 살아있고 앳된 얼굴의 내가 추억 속으로 나를 끌고 들어간다. 행복했던 일 가슴 아팠던 기억까지 모두 담고서…….

# 결혼 사진

정 미 경

친정어머니는 여섯 개의 결혼사진을 자식 순서대로 차곡차곡 앨범에 정리해 놓고 틈나면 꺼내 보신다. 다른 앨범에서 아버지 어머니의 결혼 사진을 꺼내어 맨 앞에 끼워 넣었더니 그 사진을 보시며 한 말씀 하신다. "저 양복 결혼식 끝나자마자 친구 꺼라며 돌려주고 군복으로 갈아입으셨다." 아버지는 군 복무 휴가 중에 결혼하셨다고 했다.

욕심 없이 순수하고 정의와 낭만을 사랑하는 청년이었던 아버지와 수예점을 운영할 정도로 솜씨 좋고 꿈 많은 처녀였던 어머니는 큰 태극기를 배경으로 두 분의 이름을 앞에 세우고 흑백으로 김지미 신성일 영화의 한 장면처럼 결혼식을 하셨다.

어머니의 그 말씀에 나는 아무 말도 못하고 어머니를 보았다. 어머니께선 잠깐 쓸쓸히 웃으시더니 이내 다시 말씀을 이으신다. "결혼식 이틀 후 아버지 귀대하시고 혼자 시댁에 남았는데 결혼의 흔적이 구두 한 켤레였지. 그걸 신주 모시듯 윤나게 닦고 닦아 방 안에 모셨다. 아버지 당신인 양 매일 아침 닦았지. 그런데 나흘짼가? 아버지 친구 그 고이수라는 분이 찾아왔어. 결혼식 때 빌려 주었던 구두 찾으러 왔다고 하더라."

잠시 어머니는 미동도 않으셨다. 이젠 한숨도 안 남은 듯 숨소리도 안 들렸다. 나는 역시 아무 말도 못하였고, 이번에는 어머니를 쳐다보지도 못했다. 그저 사진 속의 아버지와 어머니만 바라보았다.

어머니는 떡이나 쪄야겠다며 일어나셨다. 어머니의 스물두 살 가슴으로 슬프고 공허하고 외로웠을 그 날들을 생각했다. 아버지가 왜 그러셨을까 야속했다. 그러나 내 눈에 보이는 사진 속의 두 분은 축복 받는 선남선녀의 모습이었다. 머리에 풍성한 화관을 쓰고 하얀 드레스를 입고 수줍어하시는 복스러운 어머니와 포마드 바른 짧은 머리를 2대 8 비율로 멋지게 빗어 넘기고 약간 커 보이는 양복에 번쩍이는 구두앞 코가 보이는 아담한 귀공자같은 아버지. 나에게는 온 우주와 같은 완벽한 모습의 두 분.

제주 오현고 재학시절 학도병으로 인천상륙작전에 참여했던 가슴이 불타던 젊은 남아, 국가유공자로 지정 받아 이 한 몸 국립묘지에서 누울 거라는 자부심 있는 노년의 아버지. 집안 형편이 안 되는 것도 아니지만 군인으로 결혼하는데 한 번 입고 신을 양복과 구두가 뭐 중요하냐며 그리 처신하신 아버지. 말 그대로 집안 형편이 어려운 것도 아니면서 그 한 번 하는 결혼식에 양복과 구두를 빌려서 뭐하느냐며 세상 무너지게 서운해 하시는 어머니. 두 분 사이에서 큰 딸은 어느 분의 편도 들지 못했다. 벌써 팔순 넘기신 두 분은 그저 서로 말씀하시는 것으로 끝이다.

아버지는 입이 짧으면서도 떡에는 반드시 김치라는 구색을 맞추셨다. 어머니가 접시에 떡을 내시는 동안 내가 김치를 꺼냈더니 얼른 어머니가 도마를 챙기신다. 아버지가 틀니를 끼셔서 잘 못 씹는다고 김치를 잘게잘게 써시는 것이다.

두 분은 잘 다투시는 것 같은데 그게 두 분의 놀이인 듯도 보인다. 올해로 두 분이 결혼하신 지 쉰여섯 해가 넘어간다.

# 사진 그리고 그리움

우 옥 자

요즘 나는 사진을 들여다보는 시간이 많아졌다.

작년에 태어난 손녀의 사진을 보는 즐거움이 이만저만이 아니다. 2012년 연말에 태어난 손녀를 보기 위해 미국 로스엔젤레스로 갔다가 딸아이의 산후조리를 도와주고 돌아오는 13시간의 비행시간 내내 틈틈이 찍어둔 손녀의 사진을 들여다보며 아쉬움과 지루함을 달랬다.

요즘도 딸아이는 하루가 멀다 하고 카톡으로 손녀의 사진을 보내온다. 카톡카톡~~ 하루가 멀다하고 손녀의 사진이 대여섯 개가 한꺼번에 날아 온다. 나는 손녀의 눈과 코와 입을 확대해서 보고 다시 원위치로 해서 본다. 보고 또 봐도 물리지 않는다. 코는 어미를 닮았군, 이럴 땐 천상 딸의 어린시절 모습과 똑같군. 웃는 얼굴이 꼭 나를 닮았다는 딸의 말에 은근히 기분이 좋아지기도 한다.

아이의 사진 속에서 딸의 어린 시절의 모습을 떠올리고, 때로 언뜻언뜻 나도 모르는 내 어린 시절의 모습을 찾아내려고 애쓴다. 그 앙징맞고 귀여운 얼굴을 이렇게 사진으로라도 볼 수 있다는 것이 얼마나 좋은가? 내 핸드폰에 저장된 손녀의 사진은 아마도 몇 백장이 될  것이다. 잠 안 오는 밤이나 누군가를 기다리는 무료한 시간이나, 혹은 잠시의 여유라도 생기면 사진을 보며 그리움을 달랜다. 보고 싶다는 딸아이의 성화에 나도 요즘 산 빨간 구두와 남편의 겨울부츠를 사진 찍어 보냈다. 딸의 성화에 가끔은 셀카를 찍어 보내기도 한다. 나는 사진을 통해 시공을 넘어 딸과 일상을 교류하는 즐거움에 푹 빠져있다.

요즘 가장 즐거운 일 중의 하나가 사진찍기이다. 그저 새로운 것을 보거나 아름다운 것을 보거나 아니면 멋진 풍경을 보며 어김없이 핸드폰의 사진기능을 누른다. 사진을 들여다보는 즐거움이 쏠쏠하다. 이것은 나만의 습성이 아니다. 많은 사람들이 어디서든 핸드폰의 카메라를 들이댄다. 멋진 식당에서, 맛집에서 음식이 나오면 먼저 사진기를 들이대는 젊은 아이들이나, 공연이나 전시장이나 강연장이나 거침없이 찰칵찰칵 후레쉬가 터지고 사진을 찍어댄다. 사진찍기가 일상이 되었다.

인터넷에 들어가보면 사진이 넘친다. 카페와 블러그와 신문시사나 쇼핑몰의 상품들이나 아니면 자극적인 사진들까지 온갖 사진들이 넘치고 넘친다. 사람들은 사진을 찍어서 인터넷에 올리는 것이 일상이 되고 그것을 퍼오고 퍼주고 함께 즐기는 것이 새로운 풍속도가 되었다.

요즈음 장년기의 어른들도 핸드폰으로 찍은 사진을 블로그나 카페에 올리는 것은 일상이 되었다. 페이스북이나 밴드, 그리고 카카오톡, 카카오스토리 등등… 서로의 사진을 공유하고 서로의 일상을 들여다 본다. 가끔은 소셜 네트워크라는 명제 하에 우리는 점차 '보기와 보여주기' 관음의 즐거움에 익숙해져 가는 것이 아닐까 생각이 들기도 한다

요즘에는 詩에도 '디카시' 라는 새로운 장르가 생겼다. 사진 찍는 순간에 포착한 느낌을 시로 표현한 것이다. 시를 탑재할 때, 시와 어울리는 사진을 함께 올리는 것이 아주 자연

스럽고 보편화된 것이다. 그러고 보니 사진과 시, 그림과 시를 잘 어울리게 배치한 시화집도 우리의 감각을 자극하고 감성을 풍부하게 하는 멋진 것이 되었다.

어느 날 여행을 다녀와서 사진을 블로그에 올리다 문득 이런 생각이 들었다. 이 사진을 찍기 위해 나는 여행을 온전히 누리지 못한 것은 아닐까. 햇살과 바람과 그리고 물소리와 보이는 것 이면의 어떤 모습을 지나친 것이 아닐까. 자유로운 사색의 순간보다 사각의 프레임 안에 내 여행이 갇힌 것이 아닐까. 촉감과 청각과 미각이 사라진 시각의 세계에 우리는 너무 깊숙이 빠져드는 것이 아닐까 가끔은 생각해 볼 일이다. 시 한 편이 떠오른다.

내 세상 뜰 때
우선 두 손과 두 발
그리고 입 가지고 가리

어둑해진 눈도 소중히 거풀 덮어 지니고 가리

허나 가을의 어깨를 부축이고
때늦게 오는 저 밤비소리에
기울이고 있는 귀는 두고 가리

소리만 듣고도 비 맞는 가을나무의 이름을 알아 맞히는

귀 그냥 두고 가리

〈풍장 27 / 황동규〉

그래도 먼 훗날 노년의 나를 위해서 사진을 찍는 것은 즐거운 일이다. 어린 시절 꽃잎을 책갈피에 끼워 예쁘게 말리듯 내가 스쳐지나가는 풍광을 갈무리하고 싶다. 길고 긴 노년의 고독을 위하여 오늘의 이 순간에 셔터를 누른다. 반추의 즐거움이 나를 외롭게 하지 않을 것이다. 생을 마감해야 하는 순간이 천천히 다가올 때, 한 편의 영화를 감상하듯, 파노라마처럼 내 영혼이 열광했던 순간들이 지나가는 것을 볼 것이다. 아름다웠던 내 사랑의 순간과 장엄한 황혼이 나를 배웅해 줄 것이다. 그래서 나는 오늘도 세상을 사진으로 남긴다.

# 엄마의 영정 사진

**김 경 식**

"큰애야, 네 엄마 영정 사진이 없는데, 너희 내려왔을 때……."

어찌 받아들일까 자식의 눈치를 살피느라 아버지는 말씀을 흐리십니다.

구름 저편에 아득하던 차디찬 '죽음'이 현실 속으로 성큼 걸어 내려와서 방안의 공기가 싸늘하게 얼어붙습니다.

"아직 정정하신데요, 손주 결혼하는 것은 보셔야지요."

"이웃들도 다 떠난걸. 자꾸 허리도 구부러지고, 늙은이들 내일을 어찌 안다니?"

어머니를 건너다보시는 아버지의 눈빛에는 애잔함이 잔뜩 묻어 있습니다.

지인들의 상가에 문상을 다니면서 팔순이 넘으셨으니 머지않아 내게도 닥칠 일이겠거니 겉짐작은 하고 있었지만 막상 아버지의 말씀에서 죽음을 발견하고는 가슴이 먹먹해집니다.

애달프지 않은 죽음이 없겠지만 나를 낳고 길러주신 부모만큼 서러운 죽음은 세상에 또 없을 터입니다. 옛사람의 말에 부모상을 당하면 애통하여서 '땅을 치며 울부짖고 가슴을 치며 펄펄 뛴다(반호벽용攀號擗踊)." 하였으니, 누구도 거스를 수 없는 자연의 섭리라지만 할 수만 있다면 십 년이고 이십

년이고 멀찍이 미루어 두고 싶은 게 그것입니다.

그래서 TV 홈쇼핑에서 효도 선물로 그만한 것이 없다는 쇼 호스트의 달콤한 유혹에 빠져 한참이나 '윤달 수의'를 구경하고 있다가 값도 값이지만 불경不敬을 저지르는 것 같아 채널을 돌리고 말았었는데…….

"사진관에 가 새로 찍든지, 죽으면 다 쓸데없는 일인데 있는 거 찾아서 확대하든지……."

아버지는 슬그머니 현관문을 여십니다.

그 쓸쓸한 뒷모습에 콧등이 시큰해져서 말없이 돌아앉습니다.

영정 사진 찍으러 가시자 말씀드리면 어머니의 길을 재촉하는 것 같아 죄스러워 혹 쓸 만한 것이 있을까 가족 앨범을 꺼내 놓습니다. 아무래도 최근의 것이 좋겠다 싶어 뒤쪽부터 뒤적이지만 마땅한 것을 찾지 못합니다. 제대로 된 독사진 한 장이 없고, 어린 것들을 앞세우고 뒷자리에 서 계시거나 풍경 위주로 멀찍이 찍힌 모습들뿐이어서 확대해서 쓰기에는 영 마뜩하지 않습니다.

그러다가 앞 페이지에서 젊은 날의 어머니를 만납니다.

활활 타는 장작불을 보고 "불 참 좋다" 했더니 그런 말 하면 아궁이가 "네 엄마 구워 먹어라" 한다고 쓰러져 죽은 시늉을 해서 어린 가슴을 놀라게 하시던 내 대여섯 살 무렵 앳된 어머니의 모습이 담겨져 있습니다.

오늘의 모습과는 너무 달라서 영정 사진으로 사용할 수는 없겠지만 내가 이승을 떠나는 날까지 결코 지우지 못할 아름다운 영상입니다.

그런 고우신 어머니의 영정 사진을 미리감치 찍어 두고, 또 언젠가 그 사진을 앞세워 다시 못 올 곳으로 보내드려야 한다니 가슴이 멥니다.

나도 갈래 나도 갈래 엄마 따라 나도 갈래
엄마 혼자 외로워서 어떻게 보내나
불쌍하신 우리 엄마 어떡하면 좋아요
나도 갈래 나도 갈래 엄마 따라 갈 테야
땅을 치고 하늘을 보며 피눈물을 흘려도
한번 가신 우리 엄마 돌아올 줄 모르네
엄마 엄마 우리 엄마 어떡하면 좋아요
보고 싶어 보고 싶어 우리 엄마 보고 싶어
떠나가신 우리 엄마 보고 싶어 어~~~~
우리 엄마 보고 싶어 어~~~

연전年前에 봉선사 산사음악회에서 만났던 도신 스님의 구슬픈 노랫가락이 문득 떠오르면서 이내 눈시울이 붉어지고 맙니다.

늙으신 엄마에게 봄을 돌려드려야겠습니다. 조금 더 미적거리다가 개나리 진달래 흐드러지면 그 화사한 봄 햇살을 배경으로 활짝 웃으시는 엄마의 모습을 담아 영정으로 모셔야겠구나 마음을 먹습니다.

그래서 어머님이 돌아가시는 길 환하게 밝혀 드려야겠습니다. 그리고 또 나중에 어머님이 밟고 가신 그 환한 길을 나도 웃으며 따라나설 수 있다면 참말 좋겠습니다.

"아무 거나 쓰면 되지. 먼 길 돌아가려면 피곤할 텐데 애비도 좀 누워서 쉬려무나."

자식의 속셈을 모르는 채 어머니는 짐짓 딴청을 부리십니다.

# 寫眞에 대한 斷想

이 동 희

유난히도 매섭게도 추웠던 겨울이 지나고 맞이한 3월 초순, 아내가 새봄맞이 대청소로 집안 분위기를 일신하자고 제안하였다. 나도 묵은 마음 훌훌 털어내고 새로운 봄을 상쾌하게 시작하고 싶었던 차라, 흔쾌히 두 팔을 걷어 붙였다. 부산하게 집안 구석구석 쓸고 닦고 치우다 보니 어느덧 짧은 휴일의 하루가 뉘엿뉘엿 산등성이를 넘어갔다.

저녁노을이 베란다 창가에 깊이 베어들 무렵, 아내와 함께 진한 커피를 마시며  벽장에 잘 정리해두었던 몇 권의 옛 앨범들을 다시 꺼내왔다. 우리 내외는 앨범 속에 함께 살아온 삶의 흔적들이 고이 간직된 여러 사진들을 살펴보면서, 행복했던 우리의 결혼 생활의 추억들을 되새기며 즐거운 시간을 보냈다.

이따금 빛바랜 사진 속에서 기억의 저편으로 흐릿해지는 옛날에 대한 추억과 그리움을 다시 더듬는 기쁨은 뭐라 표현할 수 없을 만큼 잔잔한 여운으로 와 닿는다. 그래서, 가끔씩 옛 생각이 나면 밤늦은 시간에 가족 몰래 나의 앨범들을 꺼내 보면서, 이런저런 상념에 잠기곤 한다.

워낙 가진 것 없이 살았기에 나의 유년시절을 기억할 수 있는 사진은 겨우 열 손가락에 꼽을 정도로 빈약하기만 하다. 그래서 셀 수 없을 정도로 이사를 다녀야만 했던 가난한 시절에도 더욱 소중히 간직하려고 노심초사해왔다. 그러한 애착 속에서 몇 안 되는 빛바래고 갈라진 흑백사진들에 담긴 옛날은 마치 살아 숨 쉬는 어제처럼 가슴깊이 와 닿는다. 어떤 때는 옛날에 대한 사무치는 그리움 때문에 깊은 밤까지 잠을 설치기도 한다.

옛 큰댁 한옥집 대문 앞에서 어린 막내 동생을 안고 해맑게 웃고 있는 젊은 아버지, 큰댁 앞마당 담장에 두 줄로 늘어선 막내 할아버지네 당숙들, 큰댁 사촌 형제들, 큰고모네 사촌 여동생들, 나와 둘째 동생 등 열 댓 명의 천진난만한 유년의 모습이 담긴 한 장의 사진, 아버지가 없는 어머니와 동생들의 쓸쓸한 표정이 서려있는 가족사진이 가장 먼저 뇌리에 와 닿는다.

사진 속의 젊은 아버지는 이미 32년 전에 47세의 짧은 생을 마감하였다. 이제 그 아버지보다 더 나이가 든 아들은 오늘도 흑백사진 속에 박제된 채 더 이상 기억을 허락하지 않는 젊은 아버지에 대한 사부곡을 가슴 속에 담고서 옛날을 더듬는다.

비록 지금까지 살아계셔도 가족들에게 전혀 도움이 되지 못했을 무능력한 아버지였을지는 모르지만, 그래도 끊을 수 없는 혈육의 정은 세월이 갈수록 빛바래지는 흑백사진과는 달리, 더욱 더 새록새록 그리움이 깊어간다.

그래도 조금만 참고 사셨더라면 훌륭하게 장성한 자식들과 귀여운 손자들의 아름다운 모습들을 보셨을 것을, 뭐가 그리도 급해서 처자식에게 가난과 슬픔의 멍에를 씌우고, 먼저 할머니 곁으로 떠나셨는지 깊이를 알 수 없는 야속함과 애증이 교차한다.

이렇듯이, 사진은 기억 저편으로 사라져가는 옛날에 대한 그리움과 상념을 고스란히 담고 있는 살아있는 역사로서 그

의미를 더해준다.

젊은 시절 한 때 잘 나가던 유명학원 영어강사를 그만두고 몇 년을 여기저기 여행하면서 방황했을 적에 찍힌 사진 속의 내 모습은, 나의 힘들었던 시련의 아픔을 하나도 가감 없이 적나라하게 보여주고 있다. 지금 돌이켜 보면, 사진 속에 일그러진 표정을 하고 있는 내가 과연 나인지 의심이 들 정도로, 사진은 놀라우리만큼 꾸밈없는 있는 그대로의 내 모습을 보여준다.

이처럼, 사진은 드러나지 않는 내면을 있는 그대로 보여주는, 말없이 자신의 속내까지 다 보여주는 진실한 심경心鏡임에 틀림없다.

어렸을 적에 우리 집은 값싼 카메라도 하나 없을 만큼 무척 가난해서 소중한 추억들을 제대로 간직한 사진들이 별로 없어 늘 불만스럽고 안타까웠다. 유년시절의 그런 아픈 기억이 있기에 요즈음에는 한풀이 하듯 디지털 카메라뿐만 아니라, 스마트폰 카메라로 사진들을 찍어댄다.

요즈음 나는 시간이 나면 자전거를 타고 시흥 관곡지에 아름답게 피어난 백련, 홍련을 찍고, 길가에 피어난 이름 모를 들꽃들과 저녁노을에 지는 오이도 등대를 찍기도 한다. 뿐만 아니라 나와 관계된 사람과의 소중한 모임에서의 소소한 의미 있는 순간들도 하나도 놓치지 않고 사진 속에 담아두려 무척 애쓴다.

지금까지 살아온 날들보다는 앞에 남은 살아갈 날들이 더 적기에, 더욱 더 열심히 모든 소중한 순간들을 담아두며 하루하루의 시간을 알차게 보내려고 몸부림치는 나 자신이 대견하기만 하다.

한편, 언제 어디서나 손쉽게 사진을 찍을 수 있는 최첨단의 문명의 이기(利器)인 디지털 카메라나 스마트폰 카메라의 편리함에 나 역시 부지불식간에 지배당하고 있지만, 나는 어쩔 수 없는 아날로그 세대임을 부인할 수 없다.

손끝만 밀면 수백 장의 사진들이 파노라마처럼 스쳐 지나가며 즐거웠던, 아름다웠던 기억의 순간들을 편리하게 보여주는 디지털적인 편리함을 무시할 수는 없지만, 나는 먼지 수북이 쌓인 두툼한 앨범 속의 사진들을 손끝으로 일일이 만져보면서 옛 추억을 더듬는 즐거움을 도저히 내려놓을 수가 없다.

아무튼, 불현듯 옛날이 사무치도록 그리울 때면, 진한 커피 향기 속에 손때 묻은 옛 앨범들을 꺼내보면서 바쁜 일상 속에 나만의 여유를 가져본다.

# 카메라의 위로

김 소 영

여기 서 보세요, 웃어 보세요!

싫어 안 찍어, 찍지 마~!

그러면 안 찍힌다는 모습이 찍힙니다!

마흔 넘어서 내 모습이 안 이뻐서 사진 안 찍었어.

나는 선생님을 가장 잘 나오게 찍어줄 사진사예요, 다른 사진사와 달라요!

300 미리 렌즈를 부착한 카메라를 든 나는 반 협박조로 사진을 찍으라 하고 상대는 사진을 찍지 않으려고 필사적이다. 오늘은 사진을 찍기 위한 최상의 상태가 아니라는 것, 마흔 넘어서 찍은 사진을 보면 예전 같지 않아 사진이 마음에 들지 않는다는 이야기를 많이 한다. 나는 말한다, 그것은 촬영자가 그대를 예쁘게 찍어주지 않았기 때문이다. 사진이 못 나왔으면 무조건 촬영자 탓을 해라, 나는 그대 사진을 가장 잘 찍어 줄 수 있는 사람이다. 그대 삶 속에 있는 가장 가까운 촬영자이기 때문이다. 내가 보통 촬영자인 줄 아느냐 하는 뺑도 섞어 가며 사진을 찍어 주려고 한다. 그러면 사람들은 이러는 내가 불쌍히 보여 마지못해 찍히는 사람과 그래도 찍기를 꺼리고 도망가는 사람 두 종류로 갈린다.

나는 사진 찍기와 찍히기를 좋아하는 사람이다. 어린 시절

아버지 한 분의 봉급으로 아홉 식구 대가족이 도회지 생활을 하면서 여섯 자식 모두 대학을 가르치느라 아버지와 어머니는 넉넉한 살림을 꾸리지 못하셨다. 다른 친구 집에 놀러 갔을 때 집 중앙에 걸려 있는 가족사진은 큰 부러움이었다. 그러한 가족사진을 아버지 육순 때 처음으로 온 가족이 모여 찍었다. 그 후 내가 취직을 해서 돈을 모은 첫 번째 이유는 카메라를 사기 위해서였다. 삼십육만 원을 봉급으로 받던 때 매달 조금씩 이년 정도 모아 백만 원 상당을 모았다. 니콘 카메라를 사기 위해서였다. 그 때 전셋집 주인은 집을 비워 달라고 하던 때였다. 그러한 상황에서 백만 원으로 카메라를 사겠다고 하니, 오빠가 집안형편 돌아가는 것을 모른다고 핀잔을 주어 그 돈을 부모님께 드리고 집에 있던 펜탁스 카메라를 양도 받아 전용으로 쓰게 되었다. 그 카메라로 내가 가는 곳마다 아름다운 풍경과 그곳에서 즐거워하는 나와 함께 간 사람들을 기록하고 사진을 찾으면 앨범을 정리하며 다시 그 시간을 음미하곤 하였다. 그리고 결혼을 하여 아이 둘을 연년생으로 기를 때에는 어깨에 카메라를 메고 순간순간마다 사진을 찍으며 달력에 어떤 모습의 사진을 찍었다고 메모해 두었다가 36 매의 필름이 다 사용되면 인화하여 앨범을 정리할 때 에피소드도 함께 기록해 두었다.

홀시아버지를 모시고 시동생 둘과 함께 살았던 결혼 초기, 결혼이라는 것이 무엇인지도 잘 모르고 사랑하는 사람과 함께 살면 행복할 것이라는 막연한 생각으로 한 결혼. 이어진 어여쁜 아이 둘의 출산 등으로 숨 가쁘게 생활하던 때 카메라는 나의 위안이 되었다. 아기의 예쁜 모습, 가족행사 때마다 늘어나는 식구들의 모습, 커가는 조카들의 모습을 매년 담아 변화상을 보며 즐거워하고 사진에 의미를 부여하며 어려운 시간들을 헤쳐 왔다. 교육운동으로 변화를 모색하던 시절 오히려 운동의 터전을 잃어버린 전교조 해직의 기간, 육아와 살림으로 손에서 물이 마를 날 없었던 감당하기 힘들었던 시간들 속에서 내가 찍은 사진, 내가 찍힌 사진을 보는 것은 큰 위안이 되었다. 사진은 행성의 궤적과도 같다. 무수한 시간 속에서 지나온 흔적, 지금은 나의 모습이지만 후세에 보면 조상의 모습이고, 더 후에 보면 민족의 모습, 인류의 모습이 될 것이다.

나는 억지를 부리고 있는지 모른다. 나의 경험을 타인에게 뒤집어씌우려는 억지. 내가 그랬으니까 당신도 그럴 것이라는 억지, 이러한 생각을 간간이 하면서도 내가 사진에서 받은 위안과 기쁨을 함께 하고 전하고 싶은 생각이 크다. 가끔 길거리를 가다 포교를 하는 사람에게 걸려 바쁜 시간 중에 뿌리치기 힘든 경험을 한 적이 있다. 그의 종교의 세계에 어찌 다가갈 수 있겠는가, 다만 나의 바쁜 걸음을 붙잡는 그가 원망스러울 뿐이지. 내가 사진을 찍어준다고 하면 고등학교 때부터 카메라 들기를 좋아했고 하루에 1,000여 장의 사진을 찍어본 나의 경험 세계를 이해하기도 어려울 것이다. 하지만 잘 나온 사진 한 장 찍어  액자에 넣어주고 싶은 나의 억지같은 소망을 포기하지 않는다.

여기서 반사판을 비춰봐요, 그렇게. 얼굴이 환해지잖아요!

표정을 예쁘게 하고 웃어봐요, 행복해서 웃는 것이 아니라 웃으니까 행복해진대잖아요!

재밌다, 젊어지는 느낌이야!

사진은 결과도 좋지만 과정도 무척 행복한 거예요!

좋은 사진을 위해 우리는 아름다운 곳을 찾고, 부드러운 광선과 즐거운 마음으로 자기를 드러내고 표현하잖아요, 자기를 찾는 과정, 자기를 잃지 않는 과정이에요!

내가 선생님들을 가장 잘 찍어줄 수 있는 사진사예요!

낯선 사진사 앞에서 나를 마음껏 예쁘게 표현한다는 것이 쉽지만은 않은 일이거든요!

그렇더라, 표정이 굳어지더라.

사진 찍기를 즐겨하는 두 선배 선생님들과 지난 가을 중앙공원의 단풍을 배경으로 사진을 찍으며 나눈 이야기들이다. 사진에 잘 찍히려면 몸에 밴 경직된 것을 버려야 한다. 그 동안 내세웠던 권위적인 모습들을 없애고 순수한 마음으로 돌아갈 때 사진이 잘 나올 수 있다. 그러한 점에서도 나는 사람들에게 사진 찍히기를 권하고 싶다. 사진을 보면 정말 자기 반성이 많이 된다. 내가 이렇게 무서운 얼굴, 굳은 얼굴로 살아가고 있나, 사십이 넘으면 자기 얼굴에 책임을 지라는데 그 말이 맞는 것 같다.

지금은 다른 학교에 근무하는 나보다 두 살이 많은 선배 선생님들이다. 나로 인해 사진 찍기를 즐겨하고 이제는 누구보다도 먼저 카메라로 아름답고 찬란한 지구의 순간을 포착하려는 습관까지 생긴 두 분에게 나는 지난 날 사진을 찍어 액자에 넣어 선물한 적이 있다. 이제는 그 누군가를 위해 먼저 카메라를 들고 아름다운 순간을 포착하여 기쁨을 전하는 두 분을 보면 정말 기쁘다. 자신의 카메라로 사진을 찍어 상대에게 전해주는 그 마음이야말로 따뜻한 세상을 만들어가는 한 방법이다. 그리고 무엇보다도 그가 살아갈 시간 중 가장 젊은 날을 포착하여 그에게 의미를 부여해 주기 때문이다.

그가 마음에 드는 사진을 찍었다는 것은 그와 의미 있는 시간을 함께하고 있다는 것을 말한다. 그 사진 한 장에는 수많은 이야기와 놀라운 순간이 포함되어 있고 무엇보다 그의 가장 젊은 날과 함께하고 있기 때문이다.

# 삼천사 왕벚나무

**조 영 환**

사람에게는 누구나 다시 보고 싶은 풍경이 있다. 그런데 그 풍경을 들여다보면 그 안에는 그리운 사람이 있게 마련이다. 아무리 멋진 풍경이라도 사람과의 애틋한 추억이 없으면 그저 멋있는 풍경일 뿐 그리운 풍경이 되지는 못한다. 어쩌면, 풍경은 사람으로 인해 시작되고, 그리움의 이미지로 완성되는 것일지 모른다. 다시 보고 싶은 풍경 가운데에서도 이른바 사무치게 그리운 것은 이 세상에는 없는 사람과의 추억일 것이다. 나는 근래 사진에 취미가 생겨 잊을 수 없는 마음 속 풍경의 실제를 렌즈에 담기 시작했다. 4월의 하순은 왕벚나무가 꽃을 피우는 시기이다. 나는 십여 년 전에 그 아래에서 아내와 목을 젖힌 채 황홀히 넋을 잃었던 북한산 삼천사 계곡의 왕벚나무를 찾기로 했다.

날이 끄무레했다. 일기예보에 따르면, 서울 지방에는 주말 오후 늦게부터 비가 올 예정이고, 제주와 남부 지방에서는 이미 강풍을 동반한 비가 내리고 있다 했다. 나는 삼천사 주차장에 차를 주차하고 우산과 카메라를 챙겨 계곡을 올라갔다. 부처님 오신 날이 가까워 삼천사 입구부터 신록이 피어난 길가의 나무마다 갖가지 색깔의 연등이 걸려 있었다. 머리 위에 비구름이 모여들고 있었기 때문에 발걸음을 재촉했다. 삼천사 위쪽 계곡의 나무다리를 건너고. 계곡의 작은 돌탑들을 지나 산비탈의 연한 노란색의 현호색 군락지를 지났다. 얼마쯤 걸었을까. 어느 새 산의 중턱까지 이르렀다. 그러나 아직도 왕벚나무는 보이지 않았다.

기억하기로, 삼천사 계곡을 얼마 오르지 않아 물줄기가 가늘어지는 지점에서 왕벚나무 두 그루는 계곡을 양쪽으로 밀쳐 평평한 풀밭을 만들고, 그 중간 지점에서 홀연히 허공으로 치솟아 다정히 마주 보는 모양으로 분홍색 꽃송이를 구름처럼 피우고 있어야 했다. 그러나 문수봉으로 오르는 가파른 길에 접어들었는데도 왕벚나무는 보이지 않았다. 하산하는 등산객들에게 물었으나 그들은 멀뚱한 표정으로 고개를 가로저었다. 문득, 나뭇잎에 후득후득 빗방울 듣는 소리가 들리기 시작했다.

아내와 나는 서로 믿는 종교가 달라 갈등이 매우 심각했었다. 나는 기독교, 아내는 불교 신자였다. 혼전에 아내는 기독교를 믿기로 약속했었다. 그러나 아내는 결혼 후 몇 년 동안은 나를 따라 교회에 다녔으나 끝내 기독교의 교리를 믿을 수가 없다고 했다. 어느 날, 키가 껑충하게 자라버린 아이들이 우리 부부 앞에서 단호하게 선언했다.

"우리는 아무 종교도 믿지 않을 거예요!"

자가용을 처음으로 구입한 해에 경주로 가족과 여름휴가를 떠났었다. 감포에서 하룻밤을 잤다. 모텔 문을 나서면 바다였다. 그 날은 마침 보름이어서 구름 없는 밤하늘에 달이 밝고 바다는 만조였다. 검은 대기와 바닷물에 온통 달빛뿐이었다. 바닷가 바위 위에서 휴대용 버너로 라면을 끓이고 아내와 소주를 마셨다. 그런데 소주 두어 잔에 아내가 돌연 울기 시작했다. 억제하지 못하는 눈치였다. 나는 물론 초등학교 저학년이었던 아이들이 몹시 당황하고 놀랐다. 우는 이유를 묻는 우리에게 아내는 한참 후에야 더듬더듬 그녀의 막내

오빠가 보고 싶다 했다. 그녀의 막내오빠는 그녀가 스물두 살 때 경북 탄광촌에서 목숨을 버렸다고 했다.

그녀와 세 살 터울이었던 막내오빠는 그녀를 몹시 아껴주었다. 중학교 때 삼십 리 길을 걸어 모은 버스 삯을 동생의 용돈으로 주던 인정 많은 오빠였다. 상세한 내용은 알 수 없으나 주섬주섬 들은 내용으로 짐작건대, 어쩌다 병역 기피자가 된 오빠가 인생을 비관하여 객지에서 세상을 버릴 때 그녀는 그녀의 어머니와 서울에서 살고 있었다. 그러므로 그녀는 그에게 아무것도 해줄 수가 없었다. 그녀는 막내오빠를 꼭 한 번 만나 "도움이 되어주지 못해 미안하다"라고, 말하고 싶다 했다. 이후로도 아내는 자신이 행복하다고 생각될 때 막내오빠를 생각하며 울었다. 언젠가 아내는 나에게 하나님에게 기도하면 지옥에 있는 사람도 천국으로 가게 할 수 있느냐고 물었다. 나는 기독교의 교리에는 그런 것은 없다고 했다. 아내는 자신이 믿는 종교에서는 수행자가 닦은 선근공덕善根功德으로 죽은 사람도 왕생이나 성불하도록 하는 '회향廻向'이라는 것이 있다고 했다.

나는 삼천리골을 자주 등반했다는 두 명의 중년 여성 등산객에게 다시 왕벚나무에 대해 물어 보았다. 눈을 동그랗게 뜨는 그들에게 내가 왜 왕벚나무를 찾는지를 이야기해 주었다. 한 여성이 잠시 생각하다가 정상 근처의 깔딱고개에서 서로 마주보는 왕벚나무 두 그루가 있다고 말했다. 그러나 꽃은 이미 다 졌을 거라며, 왕벚나무가 아쉬워하겠다고 우스갯소리를 했다. 그러나 나는 그녀가 말하는 나무는 내가 찾는 왕벚나무가 아닐 거라고 생각했다. 북한산에서 서로 마주보고 섰는 왕벚나무가 어디 한둘이겠는가. 그러나 그 나무는 그렇게 높은 곳에 있지는 않았었다. 아마도 나이 꽤나 들어 보이는 사내가 비 오는 날 혼자 산 속에서 우산을 받치고 왕벚나무를 사진으로 찍고야 말겠다고 기를 쓰는 것이 심히는 안쓰러웠던 모양이었다.

나는 사진을 찍으며 원하는 풍경을 렌즈에 담아야만 안심하는 버릇이 생겼다. 처음에는, 한번 흘려보낸 풍경도 마음만 먹으면 다시 렌즈로 잡을 수 있을 거라고 생각했다. 그러나 풍경처럼 일회적인 것이 없었다. 어쩌면, 사진을 찍는 행위는 시간을, 목숨을 붙들어 두려는 허망한 몸짓일지도 모를 일이었다. 바람과 함께 빗방울이 제법 굵어졌다. 아무래도 올해 만개한 삼천사 왕벚나무를 사진으로 남기는 것은 물 건너 간 것 같았다. 나는 내년 이맘 때 삼천사 계곡을 다시 찾기로 하고 산을 내려왔다. 그런데 승용차로 삼천사 고갯길을 넘어 아래쪽 도로에 진입하려는 때였다. 우회전을 하는 나의 왼쪽 시야에 문득 왕벚나무가 얼핏 스쳤다. 만개한 왕벚나무 두 그루가 비를 맞으며 널따란 공터에 서 있었다. 내가 찾던 왕벚나무였다. 그러나 그 나무들은 기억 속의 왕벚나무는 아니었다. 그 나무들은 기억 속 왕벚나무와는 상대적으로 너무 작고 볼품이 없어 초라해 보이기까지 하였다. 나는 한편으로는 실망하고 또 다른 한편으로는 사람의 기억이 얼마나 부정확한 것인가를 생각하며 쓴웃음을 지었다.

그럼에도 나는 카메라를 꺼내 들었다. 렌즈 캡을 벗긴 렌즈 초점을 왕벚나무에 맞추고 셔터를 눌렀다. 그런데 카메라의 셔터가 작동이 되지 않는 것이었다. 화면에 배터리를 충전하라는 메시지만 깜박거렸다. 아이러니한 일이었다. 무릉도원처럼 계곡의 위쪽에 있는 것으로 알았던 왕벚나무는 대로가 가까운 아래쪽에 있었고, 그 규모나 자태도 생각만큼 웅장하고 화려한 것이 아니었다. 게다가, 왕벚나무 두 그루는 상당한 거리를 두고 그저 서 있을 뿐, 연인처럼 다정히 마주 보고 있지도 않았다. 그리고 정작 우여곡절 끝에 그 나무들을 찾아냈을 때는 카메라의 배터리가 모두 소모되어 렌즈에 담을 수조차 없었다.

나는 우산을 접고 왕벚나무 아래에 서 보았다. 생각보다 꽃그늘이 넓었다. 빗방울을 머금은 꽃송이들이 그물처럼 촘촘하여 하늘이 보이지 않았다. 아내 생각이 났다. 갑자기 천국이나 극락에 매달려 사는 우리 생이 가엾고 허망하다는 생각이 들었다. 그녀에게 무언가를 말해 주고 싶었다. 그러나 이내 그것이 부질없다는 것을 깨달았다. 기억 속 왕벚나무가 실제와 다르면 어떤가, 기억 속 왕벚나무는 기억 속 왕벚나무 그대로 족한 것이 아닌가. 더욱이 나를 손금처럼 환하게 들여다보는 아내는 나의 기억력이 부정확한 것에만 초점을 둘 것이었다.

## 수필



## 문학기행

# 치명적인 거짓말

정 미 경

돈이 필요했다.

초등학교 들어가기 전 일곱 살 적의 일이다. 돈 일 원이 절실하게 필요했다. 당시 그 나이 먹도록 돈을 써 본 일이 없었으니 어쩌면 돈이라는 것이 필요했다고 해야 맞겠다.

그 시절 내가 살 던 곳은 '성안' 이라 불렸던 제주시의 중심지에서 많이 떨어진 신산머루 동네였다. 지금은 제주시에서 국수거리라 불려지는 제주 토속음식 관광지인 신산공원이 되었다. 그 시절에는 비석이 있는 삼거리에 공동수도가 있고 홍씨 상점과 김씨 상점이라는 두 개의 잡화가게가 있었다. 홍씨 상점을 끼고 올라가다 왼 쪽 올레 길로 접어들면 집 다섯 채가 있었는데 그 중 첫 번째 집이 나보다 다섯 살 많은 순덕이 언니의 집이고 제일 안쪽 집이 우리 집이었다. 순덕이 언니는 내가 어렸을 때 자주 업어주었다며 나를 많이 예뻐하였고, 내가 한글 읽고 쓰기를 곧잘하고 산수도 잘한다며 내년에 학교 가게 되면 매일 나를 데리고 다닐 거라고 부풀어 하기도 했다.

어느 날 순덕 언니가 일요일에 교회에 가지 않겠느냐고 했다. 십자가 앞에서 예수님께 기도 하고 또 목사님이 해 주시는 재미있는 얘기도 들을 수 있는데 돈을 내야 한다고 했다. 일 원만 내면 된다고 했다. 나는 돈 걱정이 되면서도 모종의 자존심이 발동하여 가겠다고 냉큼 말했다.

그런데 돈을 구할 재간이 없었다. 무릇 돈이란 공책을 사거나 멸치나 소금 등을 살 때 쓰는 것이지 교회라는 곳에 아무 것도 받는 것 없이 그냥 내는 데 써서는 안되는 것이라고 생각했지 싶다. 어머니께 말씀드렸더라면 분명히 주셨을 터.

고민에 쌓였다. 물 길러 가시는 어머니 뒤를 따라 나서 봐도 돈 일 원이 안 나오고 공책 사겠다고 하기엔 뒷장이 많이 남았고, 보릿단이 활활 타오르는 아궁이 앞에 어머니와 앉아 봐도 돈 일 원이 안 생겼다. 시름시름 앓을 지경이 되면서 일요일이 다가왔다. 그러던 토요일 어스름 저녁에 절대로 그런 심부름을 시킨 적이 없던 어머니가 나에게 멸치 이 원어치 사오라고, 어두운데 다녀올 수 있겠느냐고 하셨다.

하느님이 계셨다!

하느님이 보우하사. 이것은 하느님이 나를 교회에 가게 하시려는 계시였다. 스무 발자국 이상 더 먼, 인심 좋고 어머니를 어여삐 여기시는 김씨 할머니 가게로 가라는 어머니의 말씀을 머리 뒷꽁지로 붙들며 나는 비석거리로 내리 달렸다. 가게 문을 드륵 열며 "멸치 일 원어치 주세요." 했다. 나를 보고 알은 채 반가이 웃으시던 마음씨 좋은 김씨 할머니의 표정이 잠시 일그러지더니 어머니가 보냈느냐며 "어이구 애기 어멈도 참 야박하네." 하셨다. 잠시 주저하시더니 평소 이 원 어치 담아주던 크기의 삼각 종이봉투에 멸치를 담으셨다. 이것 또한 하느님의 도움이었다. "이렇게 팔면 안되는데 쯧……." 하시는 소리가 머리 위에 무겁게 내려 앉았지만 어머니가 평소에 사시던 이 원어치 분량의 반보다 많은 것 같아 정말 다행이라고 생각했다. 집에 와서 어머니께 드리니 이리저리 살피며 놀라신다. 가슴이 뜨끔뜨끔 하였다. 김씨 할머니 가게에서 산 거 맞느냐. 이거 누가 담아 주신 거냐.

할머니가 주신 거 맞느냐며 여러 번 물으시곤 "아이구 아이 보냈다고 이리 조금 주셨나. 그러실 분이 아닌데. 쯧……." 하셨다. 바지주머니에 숨어든 일 원짜리 지폐가 허벅지를 자꾸 찌르는 것 같았다.

드디어 일요일 날 교회에 갔다. 어린 양 하나가 이제 주님에게로 길 찾아 왔다고 내 머리에 손을 얹고 기도하셨다. 그리고 어떤 형제 이야기를 들려주었는데, 어머니의 사랑을 더 많이 받는 동생을 질투하는 형의 이야기였다. 깊은 연못 속에 금으로 된 물고기가 있다고 거짓말을 하고선 연못 가까이로 데리고 가서 찾아보라고 하는데, 동생이 몸을 구부리고 고개를 숙여 금물고기를 찾는 순간 동생을 밀쳐서 죽이고 만다는 이야기 였다.

거짓말을 하면 안 된다는 목사님의 재미있는 얘기가 예수님이 나에게 내리는 벌 같았다. 그 후로 나는 그 교회에 가지 못했다.

반백년의 세월이 흐른 지금, 김씨 할머니는 벌써 돌아가셨을 터이고 어쩌면 어머니는 기억도 못하시겠지만 일 원 때문에 어머니와 김씨 할머니께 저지른 내 죄, 그 두 분의 살뜰한 우정에 금을 낸 죄를 지금껏 씻지 못했다.

# 힐링 없는 삶

김 경 식

이른 아침, 눈에 번쩍 띄는 기사를 만납니다.

"자기를 킬링해야 힐링이 된다."

킬링(killing)은 살인殺人, 힐링(healing)은 치유治癒의 뜻이니, 자기를 죽여야 자신의 병이 낫는다는 마가摩訶 스님 말씀입니다.

언제부턴가 우리 사회에 힐링 바람이 불고 있습니다.

자연 속에서 몸과 마음의 건강을 회복하자고 에코힐링(eco healing)을 외칩니다. 아름다운 그(녀)의 목소리는 힐링 보이스(healing voice)요, 제 취향에 맞는 영화를 보고 나면 힐링 시네마(healing cinema)라 이름을 붙입니다. 급기야는 공중파 방송까지 「힐링 캠프」를 열어 시청자를 불러 모으고 있습니다.

힐링.

이 시대의 첫 번째 화두話頭입니다. 만나는 사람마다 앵무새처럼 힐링을 이야기합니다. 일상이 너무 팍팍해서 못살겠다고, 힐링을 해야 한다고 합니다. 걸음도 손짓도 멀쩡해 보이는데 너도나도, '남모르는 속병이 있다' 고 자백을 합니다.

그러므로 이 도시는 그 자체로 거대한 병원인 셈입니다. 의사는 어디에도 보이지 않습니다. 사람들은 더블 사이즈의

푹신한 병상病床에 누워서 자가自家 처방을 내립니다.

'힐링 하러 가요.'

쳇바퀴 도는 일상적 생활에서 한 발짝 벗어나기만 하면 한나절의 짧은 여행에도, 집에서 먹는 음식과 별반 다를 것 없는 외식外食에도 힐링이라는 수식어가 따라 붙습니다. 그리하여 진탕 먹고 마시고는 완치나 된 것처럼 흡족한 얼굴을 하고 일상의 병실病室로 돌아옵니다.

그러나 하루 이틀 지나고 그 특별했던 외출의 여운이 사라지고 나면 잔뜩 찌푸린 얼굴로 다시 경치 좋은 여행지를 묻고 공연 일정을 검색합니다.

맑은 햇살과 바람에 취하고 아름다운 음식에 속아서 통증을 잠시 잊고 있었을 뿐, 병증病症은 차도差度가 없습니다. 만나는 이마다 힐링, 힐링 하니까 만병통치약인 줄 알고, 사이버콘드리아처럼 애초부터 처방을 잘못한 까닭입니다.

병인病因을 알아야 바른 처방을 낼 수 있고, 제대로 힐링을 할 수 있습니다.

병의 원인은 외부 세계가 아니라 자기 자신에 있습니다. 인간의 탐욕貪慾에서 마음의 병이 생겨납니다. 그래서 불가佛家에서도 탐욕을 살생殺生, 투도偸盜, 망어妄語와 함께 십악十惡으로 규정하고 경계하여 왔습니다.

적당한 욕심은 자기 발전의 순기능順機能으로 작용하지만 탐욕 즉, 지나친 욕심은 마음에 불(火)을 일으킵니다. 터무니없이 제 분수 밖의 것을 취하려다 그것을 얻지 못하니 심화心火가 나고 가슴에 화병火病이 듭니다. 저의 마음으로부터 말미암은 것인 줄을 모르고 사회나 타인에 대한 분노와 원망으로 잠을 이루지 못합니다.

'화火는 참으면 병病, 터뜨리면 죄罪가 되지만 자기가 주인이 되어 깨어 있고 알아차리면 사라진다. 세상이 구정물인 줄 알면서도 세상을 탓하지 않고 나는 그 속에서 어떻게 살아가야 할지를 고민하는 것이 주인공의 자세' 라고 스님은 다시 깨우치십니다.

욕심을 버리지 않는 한 우리가 앓고 있는 마음의 병은 불치입니다. 함께 가는 이를 밀어제쳐서라도 기어이 한 걸음 앞서고자 하고, 쓸 만큼의 재물이 있음에도 한 푼 더 가지려 아귀다툼을 하는 동안은 수백 수천 번 힐링을 한다 해도 치료가 불가능할 터입니다.

"자기를 킬링해야 힐링이 된다."

자기 자신을 죽여야 합니다. 저의 마음속에 도사리고 있는 탐욕스런 이기利己를 죽여 없애야 합니다. '범사에 감사하라(in everything give thanks)' 는 성경 말씀처럼 제가 지닌 것에 만족할 줄을 알고, 물질적인 것이든 정신적인 것이든 욕심주머니를 탈탈 털어내면 마음의 병은 스르르 사라져 버릴 것입니다. 그때 우리는, 힐링이 필요 없는 마음의 평화를 얻게 될 것입니다. 그것이 진정한 힐링입니다.

* 마가 스님 – 사단법인「자비명상」의 대표

* 사이버콘드리아(cyber-chondria)- 각종 의학 관련 웹 사이트를 통하여 부정확한 자가 진단을 하고 잘못된 처방을 하는 환자.

# 스마트폰의 이중화법

이 동 희

요즈음 출퇴근 중에 새로이 일상화된 주변일상을 접한다. 수많은 사람들이 시내버스나 지하철에서 스마트폰으로 뭔가를 검색하고, 누군가와 통화하고, 음악 감상을 하면서, 시간을 보내는 모습들을 흔하게 보고 있다.

스마트폰 속에는 일상생활에 필요한 다양한 정보들과 PC 및 TV를 겸하는 다재다능한 기능들이 들어있다. 스마트폰은 그 뛰어난 기능들을 통해서 게임을 즐길 수 있고, 사진들을 찍고, 동영상의 영화도 만들 수 있는 최첨단의 문명의 이기 그 자체다.

전후 베이비붐 세대인 나는 실로 엄청난 끊임없는 변화의 소용돌이 속에서 살아왔다. 자고 일어나면 따라잡지 못할 정도의 변화들을 정신없이 온몸으로 겪으면서 살아 왔지만, 스마트폰은 한여름 폭염을 한 방에 날려 보내는 갑작스런 소나기처럼 상상을 초월하는 정말 대단한 것이다.

우리 전후 베이비붐 세대는 라디오 방송을 들으면서 상상력을 키우고, 연필로 편지를 쓰면서 소통의 낭만과 느림의 미학을 알고 자랐다. 돌이켜보면, 그런 것이 무척 느리고 불편한 구식의 소통방식이지만, 은근하게 따스해지는 구들 온돌방처럼 그 느림과 불편함도 모르고 편지와 함께 살았다.

나는 중학 1학년 때 받아 본 어느 군인의 위문편지를 아직도 빛바랜 옛 앨범 속에 고이 간직해오고 있다. 난생 처음 전혀 얼굴도 모르는 따스한 가슴을 가진 사람으로부터 받은 편지였기에, 지금까지 40여 년 가까이 내 곁에 소중하게 남아 있다. 이렇듯이, 편지는 책갈피 속에 소중히 간직된 노란 은행잎처럼, 우리 베이비 붐 세대의 추억어린 소통의 미학이 서려있는 것이었다.

하지만, 스마트폰 같은 통신수단의 발달과 함께 편지를 쓰는 일이 이제는 흔하지 않게 되었다. 더 이상 상대방을 생각하며 편지지에 마음을 담은 글을 쓴다는 것은 한낱 비효율적이고 비생산적인 일로 당연시하는 것 같다. 요즈음 우편물들은 거의 대부분이 광고 인쇄물, 각종 청구서들일 뿐이다. 한마디로 삭막한 모래사막 같은 세상으로 변해가고 있다.

스마트폰 같은 디지털 기술의 발달이 가져다 준 편리함에 중독되어 무엇을 잃고 있는지조차 느끼지 못하는 것은 아닌지 모르겠다. 한 장의 편지를 기다리는 기쁨과 편지지에 담겨진 정감어린 사연들을 읽으며 느낄 수 있는 아름다운 추억은 영영 사라지고 있는 것 같아 무척 안타깝기만 하다.

그리고 전화는 3~40년 전에 학교에서 가정환경 조사서를 쓸 때에 전화의 유무를 표시하는 칸이 있을 정도로 부유함의 상징 중의 하나였다. 그 당시에 다이얼전화를 신청하고 몇 년을 기다려야 할 만큼, 대단히 구하기 어려운 것이었다. 전화가 있는 몇몇 친구들의 자랑은 어린 나이의 나에겐 부러움 그 자체였다.

80년대의 급속한 고도 경제성장으로 전화가 대중화되고, '삐삐' 라는 호출기부터 시작하여 시티폰, 핸드폰까지 전광석화처럼 엄청난 속도로 급속한 진화와 발전이 이루어졌다.

그리고 최근에 스마트폰의 등장으로 손 안의 인터넷을 통해서 광범위한 쌍방 동시 의사소통이 가능해졌다. 스마트폰의 트위터, 페이스북 등을 통해서 수많은 세상 사람들과 수평적인 관계로 자유롭게 다양한 정보와 생각들을 실시간으로 주고받으며 세상과 소통하고 있다. 그러한 소통을 통해서 세상의 올바른 긍정적인 변화와 혁신을 이끌기도 한다.

하지만, 자유롭게 수시로 이루어지는 의사소통 과정에서 인신공격이나 왜곡된 정보의 범람으로 인한 혼란을 초래하는 역기능도 나타나기도 한다. 무엇보다도, 하나같이 스마트폰을 잡고 오직 혼자만의 세계에 빠져들고 주변에 대해서는 무관심으로 일관하는 것이 가장 무서운 猛毒인 것 같다.

옛 고전 논어論語 선진先進편의 '과유불급過猶不及'이 하나도 틀린 게 없음을 절실히 느낀다.

스마트폰으로 끊임없이 검색하고 게임을 하고 문자를 주고받으면서도, 채워지지 않는 고독과 허전함에 시달린다는 것이 참 아이러니다. 스마트폰을 통해서 원할 때는 언제 어디서나 편리하게 의사소통이 가능한데, 고독이 더 깊어다는 것을 무엇으로 설명해야 할 지 심히 혼란스럽다. 보다 폭넓고 다양한 자유로운 소통을 위한 최첨단의 스마트폰이 오히려 인간관계의 왜곡된 변질을 가속화시키는 것은 참 안타까운 일이다.

정신을 차릴 수 없을 정도로 급속한 변화와 정보의 홍수 속에서 살아남기 위해 끊임없이 자신을 일에 몰두시켜야 하는 피곤한 경쟁사회에서, 공동체적인 친밀함은 계산된 이해관계적인 형식성에 점점 설자리를 잃어가고 있다.

그럼에도 불구하고, 의사소통을 위한 수단들이 발전을 거듭하면서, 초고속 소통사회를 만들어 내고 있다. 그 과정에서 우리는 여유로운 소통을 시대에 뒤떨어진 거추장스런 것으로 치부해버리고, 부지불식간에 초고속과 효율성, 생산성의 노예가 되어가고 있다.

게다가, 스마트폰으로 대표되는 디지털 문명은 점점 사람들을 조급하게 만들고 있다. 조금의 여유를 가지고 생각할 수 있는 기회마저 허락하지 않는다. 전해지는 메시지도 즉흥적이고, 즉답을 요구한다. 즉각적인 반응이 없으면 짜증을 내거나, 화를 낸다. 문자를 씹는다고 스스로가 못견뎌한다. 기다림의 여유마저 빼앗긴 것이다. 80타 이내에서 모든 것을 전달해야하는 한계 속에서 삭막하고 저급한 순간적인 소통에 지배당하며 진정한 존재의 의미를 잃어가고 있다.

스마트폰을 통한 간접적인 의사소통은 각자 개인의 자유로운 생각들을 드러내지만, 이러한 무생명의 전자소통매체는 인간본연 내면의 살아있는 소통을 가로막는다. 그러다 보니, 늘 뭔가 채워지지 않는 간극으로 인하여 우리의 고독을 심화시킨다.

그리고 그러한 의사소통은 뚜렷한 주체나 주제의 일관성이 결여된 상태에서 동시다발적으로 표출되는 엄청난 생각들의 홍수 속에서 방향감각을 잃고 흔들린다. 그런 상황 속에서 우리의 본질적인 고독이 더욱 깊어지는 악순환을 반복하게 된다.  그러다 보니 우리들 대부분이 주변의 일상과 단절 속에 자신만의 세계에 몰두하게 된다.

게다가, 이제는 각 개인의 힘으로는 어찌해 볼 수 없는 거대한 신자본주의의 무한경쟁사회의 구조적인 소용돌이에서 헤어날 수 없는 나약함에 몹시도 무기력함을 느끼고 있다. 그런 상황 속에서 파편화 된 우리는 자신의 존재를 확인하고자 자신을 이탈시키려고 몸부림을 치고 있는 것이다.

결국, 원활한 소통을 위한 수단이 오히려 고독과 단절을 가속화시키는 애물단지가 되고 있으니 참 안타깝기만 하다.

편리함을 위해서 개발한 문명의 이기가 인간적인 소통을 변질시키고 고독을 악화시키는 것을 보면, 과연 무엇이 발전인지 의심스럽다.

이러한 스마트폰의 이중성을 접하면서, 노자老子가 말한 '民多利器 國家滋昏'(문명의 이기가 많아지면 많아질수록 세상은 밝고 편리해지기 보다는 오히려 어둡게 된다) 이라는 말이 자꾸만 뇌리에서 떠나질 않는다.

이런 자조적인 생각을 하면서도, 나 역시도 어쩔 수 없는 대세에 휩쓸려 스마트폰의 포로가 되어 무감각한 노예가 되고 있는 것 같아 마음이 몹시 불편하기만 하다.

어쨌든 간에, 스마트폰을 통한 소통의 발전과 변화가 무조건 반가운 것만은 아닌 것 같다.

# 이야기 세 편

**김 소 영**

## 필중이

2013. 4. 23, 수요일, 비

화요일은 급식지도 당번이다. 4교시 공강 때 점심을 미리 먹고 종이 울리면 곧바로 3학년 급식지도를 위해 자리로 간다. 중흥중은 급식구가 학년별로 한 군데씩 있다. 금주는 8반부터 급식이 시작되는 주다. 오늘 우리 조 급식지도 선생님께서 갑자기 수업이 생겨서 급식지도가 어렵다고 알려 왔다. 나는 지도가 더 필요한 쪽, 급식실 기둥에 서서 배식줄을 조절하며 급식판을 들고 오가는 학생과 교사의 통로를 만들어 주고 배식줄이 끊기지 않게 하는 역할을 하고 있었다. 급식이 후반기쯤 이루어질 때 자그마한 남학생이 잔반을 비우기 위해 내 앞으로 지나가는데 제대로 걷지 못하고 한쪽 발을 끌며 지나가고 있었다. 삼색 슬리퍼 줄이 떨어져 제 기능을 하지 못하고 있었다. 나는 "얘야, 조금 있다가 2층 교무실 창의계발부에 있는 나를 찾아오너라." 하고 말하고 하던 일을 계속하였다.

오늘은 평소와 다르게 급식 지도가 5분 더 걸려 1시 10분쯤 끝나 교무실 쪽에 와 보니 그 녹색 명찰의 '이필중' 학생이 교무실 앞에서 기다리고 있었다.

"여기서 기다렸구나." 하니, "선생님께서 교무실에 들어가면 안 된다고 하셨습니다."

하고 조금 큰 교복을 단정하게 입은 중1 남학생이 이야기 하는데 나는 이 아이가 얼마나 순수한 학생인가 생각하며 4월의 새싹같은 필중이를 보고 기쁨이 샘솟는 듯 했다.

내 조카도 이번에 대전에서 중학교에 입학했는데 이런 모습이겠지. 가끔 동생과 전화해보면 교복을 입고 학교 가는 모습이 그렇게 예쁠 수가 없다고 한다. 돌이켜보면 나도 두 딸이 교복을 입고 아침마다 '학교에 다녀오겠습니다!' 인사하고 학교 갈 때 예쁘고 흐뭇해서 하루 종일 즐겁게 보냈던 옛 생각이 났다.

필중이를 내 자리에 데리고 와서 슬리퍼를 고쳐주기 위해 글루건을 콘센트에 꽂았다. 글루건이 제 기능을 하기 위해서는 약간의 시간이 걸렸다. 그 사이 "필중아, 너는 무슨 초등학교를 졸업했니?" 하니까 "약대초등학교요." 라고 했다. "중학교 생활은 어떠니?" 하니까 "좋아요."하고 대답하는 걸 보니 두 달 가까이 되어가는 중학생활에 잘 적응하는 것 같았다. 그 사이 글루건에서 실리콘이 녹아 슬리퍼 줄을 붙였다. 그랬더니 다른 쪽의 슬리퍼도 내친김에 고쳐야겠다고 생각했는지 다른 쪽 슬리퍼도 들어 보였다. 그 쪽도 실리콘으로 단단히 붙여주었다. 필중이는 양쪽을 신어보고 단단히 붙었다며 매우 좋아하였다. "그럼 너도 착한 일을 하나 하여라." 하며 화분에 줄 물을 화장실에서 떠오도록 시켰다. 물을 가지고 오면서 노크를 세 번 '똑똑똑' 하는 필중이는 가정교육을 잘 받았고 초등학교 생활을 매우 모범적으로 하였다는 것을, 무엇보다도 배운 것을 실천하는 학생이라는 것을 느낄 수 있었다. 그리고 자신의 삶을 건강하게 살아갈 아이라는 믿음이 갔다. 나는 오후 내내 필중이라는 아이로 인해 나만이 느끼는 행복의 미소를 지으며 지냈다.

올해 이 학교에 부임하면서 나는 슬리퍼 세 켤레를 샀다. 깜빡 잊고 슬리퍼를 가지고 오지 않은 학생에게 일일대여를 해 주고, 필중이 같은 학생을 위해 글루건을 준비해 두었다. 지금까지 18명이 실내화를 대여해 신었다. 그들이 한결같이 기뻐하며 빌려가고 감사하며 반납하는 모습에서 그들의 학교생활을 조금이나마 돕는 것 같아 나도 덩달아 기쁘다. 교직에 경력이 더해질수록 가르치려고 하기보다는 도와주어야겠다는 마음이 드는 것이 교사로서 성장하고 있는 것이 아닌가 하는 생각을 해본다.

## 빨강 가방 여학생

평소 걸어서 출근하던 내가 오늘은 건강검진을 하러 병원에 가기 위해 차를 가지고 왔다. 중흥중학교는 육교 밑에 정문으로 들어오는 입구가 있어서 사람들이 잘 찾지 못하는 경향이 있다. 육교 밑으로 들어와 인도를 지나자마자 교문으로 들어서면 오른쪽 화단 옆으로 주차선이 그어져 있다.

어느 학교나 등교하는 학생과 선생님들의 출근 차가 겹치면 진입로가 무척 복잡한 형편이다. 오늘은 학생들이 많이 등교하는 시간 전이어서 몇 안 되는 학생들이 등교하고 있었다. 서행으로 주차선을 따라 주차 할 곳으로 가고 있는데 앞에 빨강 가방을 맨 여학생이 주차선을 밟으며 등교 중이다. 일반적인 경우 뒤의 차 엔진소리를 들으면 비켜주기 마련인데 이 여학생은 여전히 주차선을 밟으며 걷는다. '빵빵' 약하게 경적을 울렸다. 학교 안에서 그것도 아침 시간에 경적을 크게 울리기 어렵다. 그래도 미동도 없어서 브레이크를 더욱 밟아 속도를 줄이며 약하게 '빠방' 거렸으나 듣지를 못하고 걷다가 바로 앞에 주차된 차가 나타나니 비로소 비켜서며 뒤돌아본다. 바로 뒤에 있는 차머리와 운전자인 내 눈과 마주치자 그 여학생은 당황했는지 걸음을 빨리 하며 귀에 꽂혀 있는 이어폰을 뺀다. 주차를 하고 그 빨강 가방의 여학생을 뒤쫓아 가서 주의를 주겠거니 생각하며 시야에 두고 나도 서둘러 차문을 잠그고 걷는데, 그 여학생은 실내화도 갈아신지 않고 갔는지 출입구에서 어느 사이 내 시야에서 사라져 버렸다. 나는 그제야 그런 경우 경적을 크게 울려야겠구나 생각했다.

그러고 보니 그제의 일이 떠오른다. 주로 걸어서 출근하는 나는 부천세무서 사거리에서 빨간 신호등에 자주 걸리는데 보행 신호등불은 보통 30초다. 나는 16초에 횡단보도에 들어서서 빨리 씩씩하게 걷고 있었다. 내가 횡단보도를 걷고 있는 8초, 7초 남아 있는 시간에도 자전거는 매우 빠르게 페달을 밟으며 횡단보도에 진입하여 건너간다. 자전거니까 가능하다. 이제 내 눈앞에 3초가 남았다. 내 오른쪽에는 하얀색 승용차가 우회전을 기다리고 있다. 그때 어디선가 나타난 자전거가 그 3초 녹색등에 건너보겠다고 속도를 냈던지 등 뒤쪽에서 '끼익' 자동차와 자전거 브레이크 잡는 소리가 요란하다. 하얀 승용차와 자전거가 부딪치지는 않았지만 자동차 출근자와 자전거 등교생 모두 간담이 얼마나 서늘했을까. 내가 운전하며 제일 무서운 것은 차 앞으로 빠르게 들어오는 물체들과 사람들. 분명 내 차가 나아갈 길에 아무것도 없어서 엑셀을 밟았는데 공이나 자전거, 오토바이가 예상치 않게 들어왔을 때의 놀람이란 이루 말할 수 없다. 다행히 그 날 아무 일은 없었지만 하얀 승용차가 잠시 멈춰 서 있었던 걸 보면 운전자가 얼마나 놀랐는지 짐작이 된다.

나는 수업 첫머리에 그 날에 있었던 일이나 뉴스 등으로 수업을 여는 경향이 있는데 오늘 아침 일은 학생들에게 꼭 이야기해 주어 보행자의 주의가 중요함을 인식시켜야겠다. 그리고 나도 운전자가 전혀 예상하지 못할  오늘 아침 상황을 겪으며 보행자에 대한 일반적인 상식을 바꾸고 운전에 임해야겠다는 생각이 새삼 들었다. 오늘날 젊은이들의 생활 패턴을 이해하며 운전자로서 보행자에 대한 인식을 새롭게 해야겠다.

그래도 궁금하다, 오늘 아침 그 빨강 가방을 맨 여학생은 음악을 얼마나 크게 들으며 등교하고 있었는지.

## 스키니를 입은 아이들

한 겨울 남학생이나 여학생이나 윗옷은 부풀은 옷을 입고 아래옷은 새 다리 같은 모습으로 등교를 한다. 아래옷은 유행이 몸에 달라붙는 옷인지라 남학생의 바지도 다리에 꽉 끼는 바지이고, 여학생의 치마도 엉덩이의 볼륨이 느껴지며 앉기라도 할라치면 솔기 뜯어지는 소리가 날 듯하다. 교복은 스판 천이 아니어서 달라붙는 옷이 매우 위태롭지만 학생들은 그것에 아랑곳하지 않고 극구 교복을 줄인다. 알고 보면 이들이 미래 거리의 패션 리더들이 될 감들이다. 이들은 학생으로서의 학습도 학습이려니와 자기 표현에 더 관심이 많은 학생들이다. 사춘기 청소년으로서 자기를 더 드러내고 싶은 욕망이 강한 학생들이다. 그래서 음식도 몸매를 생각하고 먹고, 운동도 몸매를 생각하며 하고, 모든 것이 자기를 육체적으로 어떻게 멋지게 표현하느냐가 최고의 관심사가 되어 최신의 유행을 따라가는 학생들이다.

52 인치의 대형 컬러 화면에 나오는 '아이돌 그룹'을 보면 한결같이 날씬하고 근육질의 몸매를 가졌다. 그리고 그들의 의상과 화장은 유행의 선봉이다. 날씬하고 근육질의 몸매를 드러내기 위해서는 몸에 달라붙는 의상을 입어야 한다. 그러한 의상이 격렬한 춤을 추어도 이상이 없으려면 높은 탄력성을 지녀야 한다. 기술의 발전으로 요즈음 옷감은 탄력성이 매우 좋다. 그러나 그러한 옷은 그렇지 않은 옷보다 값이 비싸다는 것을 잘 알 것이다. 교복이 스판 섬유가 아닌 것은 바로 가격 때문이다. 교복이 스판이 아닌 이유는 교복 값의 상승을 우려하기 때문이다. 이러한 의상의 유행으로 여성이나 남성의 바지가 스키니라는 스타킹인지 바지인지 헛갈리는 것으로 통일된 것을 길거리를 다니다 보면 자주 볼 것이다. 더불어 몸매를 가꾸는 산업도 유행이다. 그래서 헬스클럽이니, GX니, 요가니 하는 몸매 가꾸기의 광고가 휴대전화에 심심치 않게 들어온다. 칼라텔레비전, 섬유, 헬스, 성형 등은 하나로 엮여진 산업이 아닌가 싶다.

늘씬한 몸매와 예쁜 화장으로 그 풋풋하고 싱그러운 모습을 드러낸 청년들을 거리에서 보면 정말 예쁘고 싱그럽다. 이 아이들이 스마트한 세상을 주도해 갈 아이들이다. GNP 1,000 달러, 수출 100억 달러의 희망을 가지고 6 · 70 년대 학창시절을 보낸 세대와 25,000 달러 이상의 국민소득과 수출 5,600억 달러 시대의 생각과 생활의 방식은 차원이 다르다. 비록 손에는 부모들이 사 준 스마트폰을 들고, 스키니 바지를 입으며 살아가지만 여전히 그들은 두 발로 걷고 36.5 도의 체온을 지니고 있다. 이 아이들이 주변의 사람들과 따뜻한 소통을 하여가며, 사람에게 상처받지 않고 상처주지 않으며 그들의 소중한 10대 시절을 보내길 바란다.

# 연緣

조 영 환

사진을 촬영할 때 촬영자는 어떤 피사체를 향해 카메라의 셔터를 누른다. 그러면 카메라는 렌즈를 여닫는 동안 피사체를 그 안으로 불러들인다. 이때의 피사체는 그 사물 자체가 아니라 빛 형태의 이미지이다. 그런데 아주 드물게 피사체가 촬영자의 의도와 무관하게 거의 자의적으로 카메라의 안으로 들어온다고 느낄 때가 있다.

이것을 나는 피사체가 '우연히' 렌즈에 잡혔다는 표현 대신 '연緣'이 닿았다고 말한다. 어떤 緣으로 피사체가 예기치 않게 카메라 안으로 들어올 때 나는 가끔 푸드득하는 환청을 듣곤 한다. 그 피사체의 자의적인 깃듦의 시간은 아주 짧지만 예외 없이 눈부심을 동반한다. 집에 돌아와 카메라의 메모리칩에 저장된 이미지를 컴퓨터에 이동하고 설레는 마음으로 컴퓨터 모니터에서 그 이미지를 확인할 때 나는 예감대로 어떤 환한 생명체가, 진정 지금까지 내가 육안으로 결코 본 적이 없는 어떤 고귀한 생명체가 마치 모니터 화면 공간이 자기의 집인 양 편하게 숨을 쉬고 있는 모습을 확인한다.

생각하면 실로 섬광과 같은 삶이 아닌가. 인생도, 인생의 만남도 섬광과 같다. 어떤 만남의 뒤에 기억에 남는 것도 단지 몇 올의 빛과 같은 이미지뿐이다. 그러나 빛으로 저장된 그 이미지는 비록 손으로 만질 수 있는 몸을 가지고 있지는 않지만 목숨이 붙어있는 한 결코 스러지지 않고 또 아무리

인위적으로 떨쳐 보려야 결코 떨칠 수 없는, 그래서 어떤 의미에서는 존재보다도 더욱 선명한 실존이다.

그 빛의 이미지는 '피사체' 도 촬영자인 '나' 도 아니다. 피사체와 내가 더해진 그 무엇이다. 생각해 보라. 때로 우리는 그 피사체의 눈으로 세상을 보고 있지는 않은가. 만남은 부정할 수 없는 섞임이다. 섞임은 유전자의 지도를 바꾼다.

나는 緣이라는 말을 좋아한다. 그 말은 이어짐의 동의어가 아닌가. 뜻하지 않게 렌즈 안으로 들어 온 피사체는 우리의 생이 순간의 빛이라는 것 그리고 빛이 흐르는 것처럼 우리의 생도 멈추지 않고 흐른다는 것을 말해 준다.

그런데 또 한편, 緣이라는 말은 그래서 애달프다. 이는 유한성의 인간이 만든 무한성의 개념이기 때문이다.

# 홍성, 살아있는 혼
## –만해 한용운 생가를 중심으로

이 동 희

초여름의 열기가 더해가던 6월 초 현충일 이른 아침에 우리 부천 글샘 교사문학회는 모처럼 홍성으로 문학기행을 떠나게 되었다. 나를 비롯한 우옥자, 정미경, 김경식, 김소영, 손영자 선생님 여섯 명은 아침식사도 거른 채, 들뜬 마음을 안고 아침 여섯 시에 부천교육청 주차장에 모였다. 아마도 모두 출발시간에 맞추느라 밤잠도 설쳤겠지만, 가벼운 나들이 차림을 한 얼굴들에는 문학기행에 대한 설렘으로 가득 차 있었다. 모두들 학교근무에 시달리던 일상에서 벗어나 모처럼 가지는 여유에, 만해 한용운을 만나러 간다는 기대와 설렘의 마음에 즐거운 발걸음을 내딛었다. 국경일이라도 이른 아침이라 경쾌하게 교통체증에 시달리지 않고 막힘없이 충남 홍성을 향하여 떠났다.

우리 일행은 초여름의 열기를 식혀주는 시원한 바닷바람이 부는 서해대교를 지나 2시간 만에 충남 홍성군 결성면 성곡리에 위치한 만해 한용운 생가에 도착하였다. 만해 생가 주변은 논과 밭들로 이루어진 전형적인 시골풍경을 담아내고 있는 한적한 곳이었고, 생가는 야트막한 야산을 등지고 양지바른 쪽에 자리하고 있었다.

만해 생가는 앞면 3칸, 옆면 2칸 규모의 아담한 초가집으로 양옆으로 1칸을 달아내어 자그마한 광과 헛간을 사용하고, 싸리나무로 울타리를 두른 전형적인 시골집이었다. 거기

에다 아담한 기념관과 만해 사당이 소박한 듯 기품 있게 조성되어져 있었다. 현충일임에도 방문객은 우리 일행 여섯 명뿐이라 간간히 불어오는 바람을 맞으며, 유유자적하듯 생가터를 여기저기 둘러보았다.

30년도 넘는 옛 학창시절에 고교 교과서에서 읽고 배웠던 '님의 침묵' 을 마음속으로 되새기면서, 만해를 직접 마주한 벅찬 감격은 형언할 수 없는 희열 그 자체였다.

우리 일행은 만해가 태어난 소박한 옛 초가집 울타리 안에서, 살아 숨 쉬는 듯한 만해의 영정이 모셔진 사당에서 향불을 피우면서, 기념관의 만해 유작 전시물들을 찬찬히 살펴보면서, 우리 민족의 위대한 얼, 만해 한용운을 진정 뜨거운 마음으로 가슴 깊이 아로새겼다.

만해 한용운은 1879년 8월 29일 충남 홍성에서 태어났다. 속명은 유천裕天, 자는 정옥貞玉, 계명은 봉완奉玩이다. 젊은 시절 동학농민운동에 참여하여 투쟁도 했고, 1896년(건양1)에 설악산 오세암으로 들어가 1905년(광무9) 인제 백담사에서 법을 받고 승려가 되었다. 1910년 국권이 피탈되자 만주, 시베리아 등지로 방랑하면서 죽을 고비도 넘기기도 하였다. 그리고 대승불교의 반야사상般若思想에 입각하여 불교의 현실참여와 개혁에 앞장섰다. 1919년 3 · 1운동 때에는 민족대표 33인의 한 사람으로 독립선언서에 서명하여 3년간 영어의 몸이 되기도 하였다. 그리고 1926년 시집 〈님의 침묵〉을 출간하여 저항문학의 백미를 선보이면서 아낌없는 문학적 역량을 보여주기도 하였다. 1935년에는 조선일보에 첫 장편소설 흑풍黑風을 연재하기도 하였다. 그 후에도 끊임없이 불교의 혁신과 작품 활동을 계속하다가 바로 조국독립을 1년 앞둔 1944년 6월 29일, 서울 성북동 심우장 자택에서 중풍으로 안타깝게 세상을 등지었다.

이처럼, 만해 한용운은 위대한 독립투사이자 승려 시인으로서, 그의 대표적인 시 '님의 침묵'은 퇴폐적인 서정성을 배격하고 불교적인 '님'을 자연으로 형상화하였으며, 고도의 은유법을 구사하여 일제에 저항하는 민족정신과 불교에 의한 중생제도를 노래한 탁월한 문학적 정수를 보여준 백미白眉였다.

오늘 밤 진한 커피 향기가 퍼져가는 서재에서 나는 만해의 시 한 편을 다시금 읽어 본다.

> 나의 꿈
> 당신이 맑은 새벽에 나무 그늘 사이에서
> 산보할 때에 나의 꿈은 작은 별이 되어서
> 당신의 머리 위를 지키고 있겠습니다
> 당신이 여름날에 더위를 못 이겨 낮잠을
> 자거든 나의 꿈은 맑은 바람이 되어서
> 당신의 주위를 떠돌겠습니다
> 당신이 고요한 가을밤에 그윽이 앉아서
> 글을 볼 때에 나의 꿈은 귀뚜라미가 되어서
> 책상 밑에서 '귀똘귀똘' 울겠습니다

이렇듯이, 우리 일행은 각자의 가슴 속 깊이 만해와의 벅찬 만남의 아쉬움을 뒤로 하고, 차로 불과 20여 분 거리밖에 떨어져 있지 않은 갈산면 행산리의 백야 김좌진장군의 생가로 향하였다.

그곳은 백야 기념관, 백야공원, 복원된 생가, 사당으로 단아하게 잘 조성된 기품이 서린 곳이었다. 우리 일행은 먼저 기념관 안에서 경건하게 백야 장군의 유품들과 청산리 대첩 디오라마 모형을 찬찬히 둘러보았다. 그리고 나서 기념관 왼쪽에 자리한 옛 생가로 발길을 돌렸다. 백야 생가 안에 들어서니 옛 한옥집의 품위 있는 정겨움에 마치 모두들 한동안 세상시름 다 내려놓은 듯 무척 편안했다.

백야 김좌진 장군은 집안의 노비들을 해방시키고 사립 호명학교 설립에 참여하여 근대교육운동을 펼쳤고, 독립자금 마련을 위한 투쟁 속에서 두 차례나 투옥되기도 하였다. 백야는 1920년 9월에 '대한군정서군'을 조직하고 중국 화룡현 청산리로 이동한 후, 10월 21일 백운평 전투부터 24일까지 이어진 '청산리 대첩'으로 항일투쟁의 역사에 길이 남을 빛나는 전공을 세웠다.

그러한 백야 장군의 뜨거운 우국충정의 마음은 '단장지통斷腸之痛"이라는 그의 짧은 시에 잘 드러나 있다.

단장지통(斷腸之痛)
적막한 달밤에 칼머리의 바람은 세찬데
칼끝에 찬 서리가 고국생각을 돋구누나
삼천리금수강산에 왜놈이 웬 말인가
단장의 아픈 마음 쓰러버릴 길 없구나

이처럼, 백야 장군은 조국독립을 위한 항일투쟁의 선봉에 앞장섰던 위대한 민족의 혼 그 자체였다. 우리 일행은 뜻 깊은 현충일을 맞이하여 백야 장군에 단심丹心을 더욱 가슴 깊이 아로새겼다.

그리고 우리는 한낮의 무더운 열기를 이겨내며 동쪽으로 차를 몰아 홍주성터가 자리하고 있는 홍성 읍내를 찬찬히 살펴보면서, 홍북면 중계리의 고암 이응노 기념관에 도착하였다.

그 기념관 앞에는 요즈음 보기 드문 누렇게 익은 밀밭이 길게 펼쳐져 있었고, 농로길 옆 너른 웅덩이에는 여러 가지 이름 모를 수초들과 연꽃들이 소담스럽게 피어있었다. 우리 일행은 마음 비우고 하염없이 그것들을 바라보면서, 잠시 도시적인 삭막함에 찌든 심신을 정화하는 여유를 가졌다.

기념관 안에서 우리는 이응노 화백의 진가를 느낄 수 있는 유작들을 마주하면서, 때마침 어느 젊은 화가의 혼신의 힘을 다한 전시작품들을 감상하면서 가슴 속 깊이 진한 감동의 시간을 보냈다.

고암 이응노는 동양화의 전통적인 필묵이 가지는 현대적 감각을 발견하여 전통성과 현대성을 함께 아우른 독창적인 창작세계를 구축하였으며, 다양한 장르와 소재를 넘나드는 끊임없는 실험으로 한국 미술사에 새로운 지평을 열었다. 특히, 말년의 '군상群像' 시리즈는 그의 평생에 걸친 예술관과 시대의식이 함축된 조형적 결과물로 잘 알려져 있다.

비록 고암 개인적으로는 정치 이데올로기의 희생양이 되어 옥고를 치르고 국내 입국이 금지되는 우여곡절과 아픔을 겪었지만, 생의 마지막까지 불타는 예술혼을 보여주었던 거장임에는 틀림없다. 이러한 상념들이 교차하는 속에 고암의 예술세계는 나에게 신선한 충격 그 자체였다.

이렇게 홍성 문학기행은 우리에게 형언할 수 없는 감격과 희열을 안겨주었다.

우리의 혼이 살아있는 홍성에서의 뜻 깊은 시간에 어느덧 깊게 드리워진 늦은 오후의 그림자가 다가왔다. 우리는 홍성과 함께 한 의미 있는 인연의 아쉬움을 뒤로 하고, 오서산의 정기를 뼛속 깊이 느끼며 귀로에 올랐다.

깊어가는 밤 매미울음 소리 벗 삼아 서재에 홀로 앉아, 살아있는 숨결처럼 와 닿는 홍성에서의 발자취를 다시금 되짚으면서, 입가에 흐뭇한 미소를 지어본다.

문학동인 글샘

2013년 10집
꽃밥

초판인쇄 | 2013년 12월 25일
초판발행 | 2013년 12월 30일

발 행 인 | 김소영
발 행 처 | 문학동인 글샘
http://cafe.naver.com/geulsaem

펴 낸 이 | 김영은
펴 낸 곳 | 다시올
주 소 | 서울 노원구 월계동 382-55
전 화 | 070-7431-5941, 031-836-5941
팩 스 | 031-855-5941
메 일 | maxim3515@naver.com



ISBN 978-89-94414-47-8 03810

값 9,000원

* 파본은 바꾸어 드립니다.
* 이 책은 부천교육지원청의 발전기금으로 제작되었습니다.